“十二五”国家重点图书出版规划项目
北京市社会科学理论著作出版基金重点资助项目

GZC高校主题出版
GAOXIAO ZHUTI CHUBAN

/ 总主编 韩 震 /

社会主义核心价值观·关键词

自 由

吴玉军 编著

中国人民大学出版社
·北京·

目　录

第一章　自由：人类共同的价值追求　1

一、人类历史是追求自由的过程　3

（一）古雅典公民：轮番而治下的公民自由　4

（二）资产阶级：今世幸福与个体权利的推崇　8

（三）无产阶级：对真实的自由的追求　11

二、中国人一直珍视自由的价值　13

（一）强调人的关系性存在　14

（二）崇尚独立的人格　16

（三）向往心境的自由洒脱　16

第二章　自由：不可或缺的基本价值　19

一、自由，人的本性　21

二、自由，发展的目的　24

三、没有自由，个性就会被压制　26

四、没有自由，生命就缺少尊严　31

五、没有自由，社会就缺乏创新和活力　34

第三章　自由：社会主义的题中应有之义　39

一、自由不是资本主义的专利　41

二、资本主义自由是有缺陷的　46

三、社会主义追求更高、更真实的自由　49

第四章 社会主义自由的基本原则 59

一、自由是具体的、历史的 61

二、自由是形式自由与实质自由的统一 65

三、自由与法律、秩序共存亡 69

四、自由与美德为伍 73

第五章 中国特色社会主义与自由的实现 79

一、大力发展社会生产力 81

（一）生产力的提高有力促进了人们自由的实现 81

（二）市场经济是有效的资源配置方式 85

（三）提高市场的“自由度”，激发市场的活力 86

二、保障公民的基本权利 90

（一）公民拥有神圣不可侵犯的权利 91

（二）公民的权利不容侵犯 96

三、营造良好的思想文化氛围 102

（一）坚持“百花齐放、百家争鸣”的方针 102

（二）崇尚“敢为人先”的精神 103

（三）营造宽容失败的环境 104

四、建立健全社会保障体系 105

（一）单纯的市场原则不能实现实质自由 105

（二）弱势群体拥有过富有尊严生活的权利 110

（三）建立和健全社会保障体系，让每个人过上有尊严的生活 113

后 记 116

第一章

自由：人类共同的价值追求

自由是人类的天性，人类追求自由，就像享受阳光、呼吸空气一样，与生俱来。作为人的基本权利和属性，自由通常指个体从外界种种束缚中解放出来，不受他人奴役和支配，具有自主的意志和行动的自由，能够按照自己的意愿、兴趣和爱好，充分展示和发展自己的个性，实现自由全面发展。纵观人类漫长的发展史，人类对自由的追求始终没有停止过。人类历史实质上就是一部追求自由的奋斗史。古今中外，无数仁人志士为追求自由，抛头颅、洒热血，描绘出一幅幅壮丽的画卷。因此，自由也成为最为动人的词汇之一。

一、人类历史是追求自由的过程

自由既是一个古老而常新的话题，也是一个简单又复杂的话题。千百年来，人们对其进行了反复的思考和讨论，写下了关于它的无数篇章。但是，对自由的理解众说纷纭、莫衷一是。有人对它热情地讴歌。裴多菲为人所熟知的诗句“生命诚可贵，爱情价更高，若为自由故，两者皆可抛”就道出了对自由的赞美与渴望。有人却愤然控诉它的罪恶。毕生为自由理想而奋斗，最终又被以自由的名义送上断头台的法国罗兰夫人，在临刑前从心底迸发出对自由近乎绝望的感慨：“自由啊！自由！多少罪恶在你的名义下进行！”有人把自由看作人生的最高价值而追求之，有人却把自由视为人生所不堪承受的重负而加以逃避。有人把自由看作天赋的、与生俱来的东西，有人则把自由视为一个需要不懈追求的理想。有人认为自由就是率性而为、无拘无束，有人则认为无规矩不成方圆，自由离不开法律和社会的规约。正如法国启蒙思想家孟德斯鸠所言：“没有一个词比自由的含义更多，并以更多的方式影响人的精神。”① 俄国思想家普列汉诺夫也说过：自由这个问题“像斯芬克斯一样对每一位这样的

① ［法］孟德斯鸠：《论法的精神》，183页，北京，商务印书馆，2012。

思想家说：揭示我的谜底，否则我便吞食掉你的体系！”①

自由观念的复杂性表明，那种对自由做抽象的、简单的理解的做法是不可取的。自由实际上是一个历史性的概念，不同时代的人，站在不同的立场上，对它的理解是各不相同的。只有深入历史发展的脉络中，我们才能对自由做更好的理解和把握。在此，限于篇幅和主题的限制，我们不可能对自由观念的生成做细致的历史展示，只能做一个概括式的说明。

（一）古雅典公民：轮番而治下的公民自由

对西方世界的理解和把握，需要我们深入古希腊相关思想的考察之中。正如恩格斯所指出的：“在希腊哲学的多种多样的形式中，差不多可以找到以后各种观点的胚胎、萌芽。因此，如果理论自然科学要追溯自己今天的一般原理发生和发展的历史，它也不得不回到希腊人那里去。而这种见解愈来愈为自己开拓道路。”② 有关自由的观念也是如此，在古希腊政治思想和政治实践中，我们可以看到西方自由意识的萌发和政治自由观念的逐渐成熟。

众所周知，在人类历史上，当世界上其他地方的人或者处在原始的蒙昧时期，或者处在奴隶主或封建主的专制统治之下时，古雅典人最早开始了民主政治的实践。在雅典政治结构中，自由公民可以自由地参与城邦管理，自由地发表观点，每一个自由公民相对于其他自由公民是独立的、自主的。他们“以集体的方式直接行使完整主权的若干部分：诸如在广场协商战争与和平问题，与外国政府缔结联盟，投票表决法律并作出判决，审查执政官的财务、法案及管理，宣召执政官出席人民的集会，对他们进行批评、谴责或豁免”③。对于雅典的这一政治盛况，伯利克里在阵亡将士国葬典礼演

① ［俄］普列汉诺夫：《论一元论历史观的发展问题》，见王荫庭编：《普列汉诺夫读本》，47页，北京，中央编译出版社，2008。

② ［德］恩格斯：《自然辩证法》，30～31页，北京，人民出版社，1971。

③ ［法］贡斯当：《古代人的自由与现代人的自由》，26页，北京，商务印书馆，1999。

说中就曾自豪地说道：

> 我们的政治制度不是从我们邻人的制度中模仿得来的。我们的制度是别人的模范，而不是我们模仿任何其他的人的。我们的制度之所以被称为民主政治，是因为政权是在全体公民手中，而不是在少数人手中。解决私人争执的时候，每个人在法律上都是平等的；让一个人负担公职优先于他人的时候，所考虑的不是某一个特殊阶级的成员，而是他们有的真正才能。任何人，只要他能够对国家有所贡献，绝对不会因为贫穷而在政治上湮没无闻。正因为我们的政治生活是自由而公开的，我们彼此间的日常生活也是这样的。当我们隔壁邻人为所欲为的时候，我们不至于因此而生气；我们也不会因此而给他以难看的颜色，以伤他的情感，尽管这种颜色对他没有实际的损害。在我们私人生活中，我们是自由和宽恕的，但是在公家的事务中，我们遵守法律。这是因为这种法律深使我们心悦诚服。①

相关链接

雅典公民大会

雅典的公民大会是全体自由公民参与城邦事务的政治机构，也是雅典的最高权力机构，每年召开40次，负责审议和批准议事会起草的提案、审查和选举公职人员。所有公民都有权参加大会，拥有知情权、发言权、选举权和被选举权。全体自由公民既是统治者，又是被统治者。

在古雅典，绝大多数公职实行抽签选举，一年一任，连任不超过两届。不管是目不识丁的农民，还是家财万贯的富人，都有中签担任国家公职的机会，甚至有可能成为城邦的最高领导人。

---

① 转引自［古希腊］修昔底德：《伯罗奔尼撒战争史》，上册，147页，北京，商务印书馆，1960。

的确，雅典的民主政治下的公民自由，在人类历史发展中具有里程碑的意义。在上古时代，当世界上其他地方的人还处在蒙昧状态或君主专制状态之下时，希腊人首次使居民中的一部分人享受公民权，使他们集体地享有自由和治理国家，并在当时的制度下使民主得到了充分发展，这无疑具有十分重要的意义。

但是，雅典的民主政治是有缺陷的。雅典的自由是少数人享有的自由。在古希腊政治结构中，人被分为几类：奴隶、女性、自由的外邦人、自由的本邦人。拥有自由权的自由公民为自由的本邦人。这些自由公民的数量十分有限，他们仅占城邦人口总数的 1/10 左右。占人口绝大多数的奴隶，只是“会说话的工具”，没有人身自由，更谈不上参与城邦政治。可以说，“希腊人的私有财产和‘自由’，同奴隶制不分，因此掠夺和贩卖奴隶，本是希腊人最重要的‘自由’事业；他们的自由的全盛也就是他们奴隶制的全盛。在雅典全盛时期平均每个成年男性公民占有奴隶 18 名，还有两个以上的被保护民”①。在雅典，政治自由和民主实践与女性也是无缘的。对于女性而言，她们的职责是生育和家计劳动，其活动不被列入公共领域之中，自然没有参与政治的自由。

同时，雅典的自由，与现代意义上的自由有很大的不同。在现代社会，自由主要是指公民享有的合法权益，也就是人们在法律规定的范围内拥有自由行动、不受限制的权利。自由的反面，是通过暴力、奴役、恐吓等手段限制人的意志和行动。在民主异常发达的古雅典，现代意义上的自由观念，即“拥有一个不受外在专制力量所控制的独立空间”也是不存在的。相比东方专制主义的国家，古雅典人尽管实现了一个公民相对于另一个公民包括统治者的独立性，但是相对城邦这一外在的力量，公民是不独立的。在古希腊，公民生活对城邦生活具有高度的依赖性。城邦领土的狭小以及公民集团

---

① 杨适：《哲学的童年》，66 页，北京，中国社会科学出版社，1987。

的封闭性和排外性，带来了城邦内部紧密的生活，促使公民内部产生一种独特的心态。他们将自己看作城邦这一有机整体不可分割的组成部分。个人的财产、家庭、利益、荣誉以及希望、肉体的生命、精神的生命甚至是死亡以后的灵魂等等都属于城邦。古希腊因之也出现泛政治化现象，政治渗透到公民私人生活的方方面面，社会的公正、个人的幸福以及欲望的满足等等，都成为一些必须经由城邦加以界定的范畴。拥有绝对权力、无所不及的城邦对公民生活进行着广泛的干预，是古希腊城邦政治不同于现代政治的显见特征。

城邦对社会生活的各个方面进行着全面控制，其最终的结果是公民与公共权力之间没有明晰的界限，公民的一切湮没在城邦的权力之网中，因此完整的政治权利意义上的个人并不存在，只存在生理意义上的个体，公民因之也没有在私人利益基础上形成的特殊目的、爱好和需要，公民受整个城邦集体意识的支配。“生是城邦人，死是城邦鬼”的观念是深入每个公民内心之中的。特立独行的苏格拉底尽管把自己比作叮咬城邦的牛虻，但在其内心世界中，对城邦的忠诚和依恋感是异常强烈的。面对朋友克里托劝其越狱逃跑的劝告，他所作的回答就清楚地表明了这一点：

> 你那么聪明，竟然会忘记你的国家比你的父母和其他先祖更加珍贵，更加可敬，更加神圣，在诸神和全体理性人中间拥有更大的荣耀？你难道不明白应当比敬重父亲更加重视国家，应当比消除对父亲的怨恨更加快捷地消除对国家的怨恨吗？如果你不能说服你的国家，那么你就必须服从它的命令，耐心地接受它加诸你的任何惩罚，无论是鞭笞还是监禁，对吗？如果国家要你去参战，你会负伤或战死，但你也一定要服从命令，这样做才是正确的。①

公民应该无条件地服从城邦的命令，这一点在古希腊人看来是

① 《柏拉图全集》，第1卷，46～47页，北京，人民出版社，2002。

最自然不过的事情。在古希腊人的视野中，城邦不是个体意志的自由结合。个人拥有不受外在任意力量，包括来自个人、国家、社会的任意力量的威胁的自由观念的出现是西方近代的事情。

（二）资产阶级：今世幸福与个体权利的推崇

在中世纪，欧洲长期处在奴隶制和封建制的黑暗笼罩之下，在神权、王权和等级差别的压制下，既没有民主自由，也没有人权。在这一时间里，人们的一言一行都要受到天主教会的严格控制，如果有非分之想，就会被视为“异端”，受到宗教裁判所的残酷迫害。

相关链接

宗教裁判所

宗教裁判所，又称为异端裁判所，是中世纪和近代初期天主教的司法机关，用以审判一切反对基督教的异端以及有异端思想的人。宗教裁判所扼杀进步思想和学说，残害科学家。在宗教裁判所存在的整个期间，先后被判罪的异端分子多达 38 万人。在天主教会的统治中心罗马，在 15 世纪以后的 150 年间，被烧死的就有 3 万人。意大利科学家布鲁诺因批判经院哲学和神学，反对地心说，宣传日心说，于 1592 年被捕入狱，最后被宗教裁判所判为“异端”烧死在罗马鲜花广场。

以新航路的开辟、文艺复兴和宗教改革三大事件为代表，人类社会逐渐从农耕文明发展到工业文明。工业文明是迄今最富活力和创造性的文明，在短短的几百年时间里，人类创造的物质财富和精神财富远远超过了以往所有文明的总和。对此，马克思恩格斯在《共产党宣言》中指出：“资产阶级在它的不到一百年的阶级统治中所创造的生产力，比过去一切世代创造的全部生产力还要多，还要大。自然力的征服，机器的采用，化学在工业和农业中的应用，轮船的行驶，铁路的通行，电报的使用，整个整个大陆的开垦，河川的通航，仿佛用法术从地下呼唤出来的大量人口，——过去哪一个世纪料想到在社会劳动里蕴藏有这样的生产力呢？”①

伴随着生产力的发展、人类交往空间的扩张，世俗化运动兴起，新兴的资产阶级冲破基督教设置的各种清规戒律，尽情地享受世俗生活。在反对封建王权和神权政治的过程，资产阶级打出自由、平等、人权的口号，强调个体享有一系列受法律保障的、不受干预的权利。追求思想观念的解放，崇尚个体的自由权利，成为新兴资产阶级的鲜明价值追求。

思想解放运动

物质世界为罪恶之源，身体为累赘之躯，这在基督教神学之中是一条极其重要的戒律。在基督教神学看来，人只有摆脱物质欲望和肉体欲望的束缚，才能达到永生，才能接近无限圆满的上帝。但是文艺复兴以后的经济世俗化运动，却对“天国”信仰主义和禁欲主义进行了坚决否定，它认为人生的目的不是死后的“永生”，而是现世的享受；人的自然欲望不是罪恶，无须压抑，而是应当予以满足的正当要求；男女之间的爱情不是丑事，也无须隐讳，而是应当加以热烈歌颂的高尚感情。由此，世俗化运动响亮地打出了“我自己是凡人，我只要求凡人的幸福”的口号。而宗教改革运动所创造的新教伦理更是将人们对世俗生活的追求与对上帝的信仰有机地结合起来。新教伦理一方面提倡用自己财富的不断增长去增添上帝的荣耀，并将之视为神圣的天职；另一方面又崇尚勤劳、节俭，反对奢侈、浪费。这样，建立在天职观基础上的新教伦理既鼓励人们去创造财富、积累财富，又保持了超验伦理对享乐欲望即世俗化趋势的内在约束，从而使笃信宗教的生活方式和非同寻常的经商手腕有机地结合了起来。经济领域的世俗化，宣告了人类自身在经济领域当中的自主，同时也表明了上帝在经济领域的衰退。

---

① 《马克思恩格斯选集》，2版，第1卷，277页，北京，人民出版社，1995。

相关链接

文艺复兴

文艺复兴是14世纪中叶至17世纪初在欧洲发生的思想文化运动。文艺复兴最早发源于佛罗伦萨、米兰和威尼斯，后扩展至欧洲各国。文艺复兴以人文主义为武器，肯定人的价值和尊严，提出以人为中心而不是以神为中心，认为人是现实生活的创造者和主人。文艺复兴肯定了人对今生幸福生活的追求，弘扬了积极进取的精神意识。从此，人们不再把思想和精力集中于天国，期待着来世的幸福和永生，而是试图在世俗的社会中建立人间天堂。

个体权利的保障

政治领域的世俗化意味着排除上帝超自然力量对政治事务的干预，从上帝的重压下解放人性，从神权那里获得人权。作为现代自由主义宪政理论一个重要来源的近代自然法学说，一改中世纪从超自然的神的角度来看待事物的基本观点，转而从自然的角度、从人性的自然法则当中推导出社会生活的法则。近代自然法理论的创始人之一格劳秀斯就明确提出了“人性是自然之母”的著名论断。自然法学派对人性本身进行了各种各样的设定，或者将人性规定为“趋利避害”，或者将人性规定为“自我保存”，或者将人性规定为“纯洁善良”。对人性的强调肯定了人性的自然必然性和合理性，并将这种普遍的人性作为自然法的基本宗旨和内容，否定了自然法则来自神秘的上帝理性或宇宙理性，从而反对将自然法与人的自然本性对立起来。

在自然权利理论看来，人类进入文明社会以前生活在自然状态当中。自然状态下的人们是自由而平等的，享有大自然赋予的不可让与、不可剥夺的权利。概括说来，这些权利包括生命权、自由权、财产权以及追求幸福权。自由权利具有目的性价值，政府的组建、国家权力的行使，都要以保护个体权利为依据。在自然权利思想家看来，人的上述权利是神圣不可侵犯的，外在任意力量，包括来自个人、国家和社会的力量不得任意干预。这些权利是人之为人的所在，缺少了自由权利，人将没有尊严可言。1776 年美国的《独立宣言》、1789 年法国的《人权和公民权宣言》都鲜明地体现了“自然权利”这一思想。

相关链接

独立宣言（节选）

我们认为下列真理是不言而喻的：人人生而平等，造物主赋予他们若干不可让与的权利，其中包括生存权、自由权和追求幸福的权利。为了保障这些权利，人们在他们中间建立政府，而政府的正当权力，则是经被统治者同意授予的。任何形式的政府一旦对这些目标的实现起破坏作用，人民便有权予以更换或废除，以建立一个新的政府。

在权利方面，人生来是而且始终是平等自由的，自由、财产、人身安全和反抗压迫是天赋不可剥夺的权利；人们享有言论、信仰、著作和出版的自由；法律面前人人平等，不允许有任何超越法律的行为产生。

为有效地保护人们的自由权利，新兴的资本主义国家逐步确立了以分权制衡、议会制、普选制、两党制或多党制等为主要内容的制度。这些制度的实施，在很大程度上保护了资产阶级的利益，客观上提升了整个社会的自由水平，推动了社会的发展和进步。

（三）无产阶级：对真实的自由的追求

无疑，资本主义的自由是人类历史的一个巨大进步，它消除了封建等级制度，力图使人们获得平等的政治权利。资本主义的自由尽管具有显见的意义和价值，但是也有着明显的缺陷。从根本上看，资本主义的自由是有产者的自由，对于广大无产阶级而言是形式的、虚伪的自由。资本主义的自由和民主是建立在生产资料私有制基础上的，资本的多少和财产的多寡在政治生活中起着决定性作用。占有较多经济资源和财富的资产阶级，通过各种途径掌握公共权力，以保护和扩大自己的政治经济利益，资产阶级的自由和民主成了以金钱为基础的“富人的游戏”、“金钱的自由”和“金钱的民主”。

作为对资本主义的批判和超越，社会主义从诞生的那一天起，就在肯定资本主义自由的积极意义的同时，表达了对它的强烈不满，社会主义就是要建立超越于资本主义的自由的更高层次的自由。社会主义作为共产主义的初始阶段，是对资本主义社会普遍存在的奴役、剥削和压迫等不自由现象的反抗，是追求“人的自由全面发展”的伟大事业。它既要通过认识自然、改造自然获得对物质世界的自由，又要通过生产方式的发展突破旧有社会关系的束缚，让所有人获得全面发展的自由。

相关链接

关于《共产党宣言》

《共产党宣言》是马克思、恩格斯为欧洲第一个无产阶级政党共产主义者同盟起草的纲领，是马克思主义诞生的重要标志。1848 年 2 月在伦敦第一次以单行本问世。《共产党宣言》第一次全面系统地阐述了科学社会主义理论，指出共产主义运动已成为不可抗拒的历史潮流。《共产党宣言》自发表以来，已在全球范围内被翻译成 200 多种文字，出版了 300 多种版本，出版次数超过 1 000 次以上，成为全球公认的“使用最广的社会政治文献”。

解放全人类，实现人的自由全面发展是马克思主义的崇高价值追求。马克思、恩格斯将毕生的精力奉献给了人类解放的伟大事业，致力于使人们摆脱盲目自然力的支配，摆脱一切剥削压迫和旧式分工的束缚，摆脱一切剥削阶级的思想观念。他们对资本主义社会条件下资本家对工人的疯狂剥削压榨进行了无情批判，对资本主义社会条件下的异化现象进行了深入剖析，对资本主义标榜的价值观念的虚伪性进行了彻底揭露，向世人展示了资本主义制度的非正义性。马克思、恩格斯以唯物史观和剩余价值学说为基础，深入研究资本主义制度的内在矛盾和发展趋势，指出资本主义社会必将被共产主义社会取代。

每个人自由而全面发展，是马克思主义的最高命题，是马克思主义崇高价值追求的本质体现，为现实的社会主义运动和建设指明了方向。人的自由全面发展是社会主义的题中应有之义，是区别于资本主义的重要标志。社会生产力和经济文化的发展水平是逐步提高、永无止境的历史过程，人的全面发展程度也是逐步提高、永无止境的历史过程。社会主义制度的建立、社会主义现代化建设的推进，为广大人民群众的自由发展创造了前提，为人类社会从必然王国向自由王国的飞跃准备了条件。①

二、中国人一直珍视自由的价值

在一些人的观念中，自由似乎是西方人的专利，更为准确地说，是西方资产阶级的专利。实际上，正如我们前面所指出的，资产阶级的自由、民主是有缺陷的，无产阶级所争取的自由民主，是对资产阶级民主的超越，是更为真实的自由。从这个意义上讲，自由不是资产阶级的专利。同时，从地域、国别的角度讲，自由也不是西方人的专利。自由一直为人类、为世界各国人民所珍爱。无论是古罗马反抗奴隶主残暴统治的斯巴达克奴隶起义，还是中国历朝历代反抗封建压迫的农民起义，无论是人类致力于生存环境的改善，还是人们致力于社会制度的变革，无论是近代资产阶级推翻封建君主

---

①　对于资本主义自由的缺陷，以及社会主义对实质自由的追求，将在第三章“二、资本主义自由是有缺陷的”中集中阐述。

专制的斗争，还是亚非拉民众争取民族独立自由的运动，无不是出于对自由的强烈渴望，无不展示着人类对自由的强烈追求。从这个角度讲，自由是不同地域、不同民族、不同国家的人的共同追求。

尽管中国人对自由的理解与西方人有所不同，但中国人历来对专制、暴政等自由的反面予以强烈反对，对独断专横、飞扬跋扈、不可一世的做法予以极力贬斥，对唯我独尊、刚愎自用、独断专行、颐指气使的行为予以严厉批判。中国人追求独立的、不徇流俗的独立人格，崇尚自在、自得、自适、自乐的悠然心境。在几千年的历史长河中，产生了很多追求自由的动人故事。汉末叙事长诗《孔雀东南飞》，就热情歌颂了主人公刘兰芝、焦仲卿夫妇忠于爱情、反抗压迫的自由精神，寄托了人们对婚姻自由的热烈向往。中国近代民族资产阶级在反对封建专制制度的过程中也提出了追求自由的响亮口号，无论是邹容“竖独立之旗，撞自由之钟”的呐喊，还是孙中山“致力国民革命凡四十年，其目的在求中国之自由平等”的遗嘱，抑或是《中华人民共和国宪法》关于公民有言论、出版、集会、结社、游行、示威的自由，有宗教信仰自由，公民的人身自由、人格尊严、住宅不受侵犯，公民享有对于任何国家机关和国家工作人员提出批评和建议的权利等等的规定，无不清楚地体现了这一点。可以说，自由是中华民族的精神诉求，自由的思想已经渗透到中华民族的性格之中，成为构成中华民族精神不可或缺的因素。在中国传统文化中，蕴含着自由思想的丰富内容、思想渊源和哲学基础。

（一）强调人的关系性存在

在对自由的理解中，中国传统文化尤其是儒家文化，与西方观念特别是西方自由主义的理解有很大的不同。在西方自由主义的观念中，自由的主体通常指的是独立的个体，它强调个体相对于他人、国家、社会的独立性、不可侵犯性。因此，在自由主义的视野中，自我是自我规定、自我存在和自我发展的存在者。“个人被认为本质上是其自身及能力的所有权人，而他之拥有这些并不对社会有任何欠缺。个人并不被认为是一个道德的整体，也不被认为是一个更大社会的一部分，而是被视为他本身的一个拥有者。”①

儒家从来不把自我看作超越于社会关系之外的存在，相反，它是处于社会情境中的。一个人出生于家庭中并成长为社会和国家的一员，而社会和国家又被看作一个扩展了的大家庭，由此，个人的身份是通过在家庭内的角色与关系教化得到实现，然后再扩展到更大的共同体之中，亦即《大学》所言的“格物、致知、诚意、正心、修身、齐家、治国、平天下”。作为一个社会性的自我，每个人需要承担相应的社会角色，德行也就在践行君臣关系、父子关系、夫妇关系、兄弟关系、朋友关系等基本的人伦关系中体现出来。由此，德行就表现为个人能卓越地履行其特有的角色上。在社会关系性的存在中，一个人通过认识他在这个关系中的角色知道他是谁，并且借助这种认识，他也知道他应该做什么，以及他能够从其他的角色那里得到什么。如此一来，人的合适的功能概念就与一套社会角色的观念联系起来了，亦即儒家所言的“义”。② 人生意义也就体现在对这一角色的忠实践履上。如此一来，自我进行选择，就不是一种任意的行为。每个人的行为实际上与他所继承下来的债务、遗产、合法期望和义务紧密关联在一起。只有获得这种关联性，这个人才能获得统一性。每个人的活动是在特定的历史传统中或社会脉络当中进行的，个人生命意义的建构与其生活的群体密不可分，而决不是完全自由选择的结果。正是基于这样的理解，在中国传统文化中，社稷利益、民族利益占有十分重要的地位，特别强调个人对家庭、

---

① Macpherson, *The Political Theory of Possessive Individualism: Hobbes to Locke*, Oxford University Press, 1962, p. 3.

② 按照美国汉学家郝大维、安乐哲的分析，“义”的含义为“合适”，“从社会方面来说，‘义’要解决的是个人在其所处共同体中的合适位置问题”。参见［美］郝大维、安乐哲：《先贤的民主》，116 页，南京，江苏人民出版社，2004。

国家和社会的责任和义务，主张先公后私，反对过分强调个人权利的观念，尤其反对自我中心、自私自利。

（二）崇尚独立的人格

自古以来，中华民族就讲志向、重节操，始终坚守人格的力量。《论语》云："三军可夺帅也，匹夫不可夺志也。"强大的外力可以改变统领三军的统帅，却无法改变一个普通人的志节。孔子的这段名言，以鲜明对照的句法和毅然决然的语气，表达了这样的信念：人格的力量是不可战胜的。而这种信念，又典型地代表着中国文化执着于道德理想的可贵传统。古往今来，这种理想人格的追求鼓舞着无数仁人志士对浑浊现实的奋勇抗争，激励着人们对美好理想的不懈追求。孟子所提出的"富贵不能淫，贫贱不能移，威武不能屈"的大丈夫之标准，可谓独立人格的典范。孟子的一生始终践行大丈夫独立人格：面对至高无上的君王，他彰显出睥睨王者、踔厉风发的人格风范；面对外来压力，他秉承持志、尚志的人格品质；在人生道路上，他奉行"穷则独善其身，达则兼善天下"的人格操守。

千百年来，中国历史上涌现出了千千万万具有独立人格、强烈社会责任感的仁人志士。"不为五斗米折腰"的陶渊明、不愿"摧眉折腰事权贵"的李白，无不彰显着进退有度、宠辱不惊的处世态度和卓然独立的大丈夫人格。这些仁人志士的高尚道德品质和永久的人格魅力，成为中华民族的精神典型，影响着一代又一代的中国人。

（三）向往心境的自由洒脱

中国传统文化保持着微妙的张力。与儒家主张入世不同，道家认为，获得自由的方式不是入世，相反，是避开现实、忘却现实。在道家看来，现实生活是一种羁绊、桎梏，是不自由的。因此道家喜好隐遁，或隐身草莽，或遁迹山林，如此一来可以避免沾染人间的罪恶污秽。道家认为，防止人与自然、人与社会异化现象出现的最好方式是顺其自然。为此，老子鼓励人们找回自然原始的本心、顺应心灵的自然感召。老子主张“返璞归真”。“璞”，是一种自然之美，是未经加工的自然材料，保存了事物的本来面目，没有矫揉造作之意；“真”，是假的对立面，是人本来面貌的体现。“真”是与“善”、“美”联系在一起的，哪里有“真”，哪里就有“善”和“美”；反之，“假”是与“丑”、“恶”联系在一起的，哪里有“假”，哪里就有“丑”和“恶”。“返璞归真”，就是要消除一切矫揉造作，保持本真的状态，从而达到真善美的境界。

保持心灵的洒脱，是道家的主张。庄子期望一种“天地与我并生，而万物与我为一”的精神境界，安时处顺，逍遥无待。庄子告诉人们，人只有消除功、名、利、禄、权、势、尊、位的束缚，才能回复自然的“本性”，获得人格的独立和精神上的自由。为此，庄子呈现给人们一种逍遥的情景：在无限的宇宙中自由翱翔，以“万物齐一”的眼光俯视大地，实现心灵的超越。以老庄为代表的道家思想，其所主张的“道法自然”、“返璞归真”、“不为物所役，不为物所累”的思想，深深地影响着中国人的精神世界，对现代人的安身立命有着很强的启示意义。

当然，在肯定中国传统文化中包含着自由的因素和自由的精神的同时，也需要清楚地认识到传统文化中的糟粕。“由于缺乏外在制度法规等的保障，传统心性自由思想在其现实性上，发生了某些变异，产生了一些负面效应。这种心性自由或者变异为自我作践的‘心奴’，或者变异为随波逐流的‘任性’，或者变异为玩世不恭的‘放纵’。”① 中国传统文化的双重性表明，在培育和践行社会主义核心价值观的今天，我们应该以科学的态度对待传统文化。中华传统

① 寇东亮：《古代中国人如何看“自由”》，载《大众日报》，2014-03-26。

文化是我们民族的“根”和“魂”，它积淀着中华民族最深层的精神追求，代表着中华民族独特的精神标志，为中华民族生生不息、发展壮大提供了丰厚滋养。历经沧桑而积淀传承下来的中华优秀传统文化，具有超越时代局限、反映文明永恒性的价值特征，与整个民族乃至整个人类的共同利益和福祉相契合，并对社会的发展产生深刻的影响，是我们在世界文化激荡中站稳脚跟的根基。我们要坚持马克思主义的方法，采取马克思主义的态度，坚持古为今用、推陈出新，有鉴别地加以对待，有扬弃地加以继承，实现中华优秀传统文化的创造性转化、创新性发展，建设中华民族共有的精神家园。对待中华传统文化应该秉承这样的态度，对待中华传统文化中蕴含着的自由思想和自由精神，也应该秉承这样的态度。

第二章

自由：不可或缺的基本价值

每个人都有自己的个性，都希望生活在一个自由宽松的环境中，按照自己的意志而非在别人的奴役下生活。正因如此，千百年来，人类在改造自然、社会和自身的过程中，对自由一直十分向往。古罗马奴隶起义领袖斯巴达克的战斗口号“宁可为自由战死，决不给主人卖命”所展现出来的誓死捍卫自由的坚强和不屈，普希金在《自由颂》中倾吐的“我要为全世界讴歌自由”的澎湃激情，毛泽东在《沁园春·长沙》中所展示的“万类霜天竞自由”的自由心境，都经久不息地震撼着人们的心灵。在历史和现实中，无数仁人志士、普通百姓用生命谱写了一曲又一曲的自由之歌，彰显了自由价值的崇高和伟大。自由是社会主义核心价值观的重要内容，是社会发展进步的活力之源。

一、自由，人的本性

世界上全部的存在，可以区分为生命的存在和非生命的存在。而生命的存在又可以区分为人的生命的存在和其他生物的生命的存在。人以外的其他生命的存在只是纯粹的自然而然的存在，而人的生命的存在不仅仅是自然而然的存在，同时也是一种超自然的存在。

人首先是一种自然存在物，是自然界的一部分，具有自然属性。从发生学意义上而言，人与自然之间具有天然的血缘关系。作为众多物种之一，人的生存和发展始终离不开与自然界所进行的物质和能量交换，人也同其他生物一样，受到物理的、化学的、生物的规律的支配。正因为这样，人与动物的根本区别并不在于人可以脱离自然而独立存在，相反，这一点恰恰是人与动物所共同具有的特征。也正是在这一意义上，尽管马克思一贯反对将人看作纯粹的自然人，反对那种将人的自然属性看作人的唯一属性的庸俗观点，但是他从不否认人是一种自然存在物，具有自然属性。马克思明确指出：“人直接地是**自然存在物**。人作为自然存在物，而且作为有生命的自然存在物，一方面具有**自然力、生命力**，是**能动的**自然存在物；这些力量作为天赋和才能、作为**欲望**存在于人身上；另一方面，人作为自然的、肉体的、感性的、对象性的存在物，和动植物一样，是**受动的**、受制约的和受限制的存在物，也就是说，他的欲望的**对象**是作为不依赖于他的**对象**而存在于他之外的；但这些对象是他的**需要**的**对象**；是表现和确证他的本质力量所不可缺少的、重要的**对象**。”①

肯定人是一种自然存在物，具有自然属性，并不是将人贬低为动物性的存在，也并不等于认为自然性构成了人的本质性规定。相反，人之为人，恰恰在于人对自然性的超越，在于对自然性的否定和扬弃，在于人所具有的精神属性。动物的存在从根本上而言是一种自然的存在，而人的存在不仅仅是自然的存在，同时还是一种超自然的存在，这种超自然的存在就表现在人的生命活动的超越性过程当中。动物总是以自然所赋予的生命本能去适应自然，从而维持自己的生存，而人则会意识到自己的生命活动，并且能够根据自己的意志和意识进行生命活动。这样一来，人的生命活动就变成了实现人的目的性要求的活动，变成了把自己的目的性要求转化成人所希望的现实的活动和让世界满足自己需要的活动。关于人与动物存在方式的根本性区别，马克思指出：“动物和它的生命活动是直接同一的。动物不把自己同自己的生命活动区别开来。它就是**这种生命活动**。人则使自己的生命活动本身变成自己的意志和意识的对象。他的生命活动是有意识的。这不是人与之直接融为一体的那种规定性。有意识的生命活动把人同动物的生命活动直接区别开来。”②

① 《马克思恩格斯全集》，中文1版，第42卷，167～168页，北京，人民出版社，1979。

② 同上书，96页。

相关链接

自我实现的需要

人不会简单地满足于吃喝拉撒睡等基本的需要，人有着不断发展、不断实现自我的需要。人的这种“自由”、“自觉”的特性在现代心理学研究中得到了证明。

1943年，美国心理学家马斯洛在《人的动机理论》一书中，把人们的需要分成五个层次，并按照由低到高的顺序排列成一个“需要金字塔”，依次为：生理的需要、安全的需要、社会交往的需要、尊重的需要、自我实现的需要。马斯洛认为，当人的低层次需要被满足之后，会转而寻求实现更高层次的需要。自我实现的需要是最高层次的需要，即实现自我价值和发挥自我潜在能力的需要，在这种需要的驱使下，人们会尽最大的力量发挥自我的潜能，实现自我的目标，将自己的价值付诸行动。

人区别于物的特殊性在于能动性，只有人才具有主体性、能动性和创造性。动物只有本能，没有自我意识，它不知道自己是谁，也不知道自己与外界的关系，是先天的本能决定着它的一切。“人的类特性恰恰就是自由的自觉的活动。”① 与动物的一切行为均受制于必然性、消极被动地适应自然界相反，人能以理性来约束自己的本能和支配自己的行动，能够按照自己的意愿需求去创造世界，改变客观的自然界。人由此也就具有了自我主宰、自我创造和自我实现的自由特征。正因为人是一种自由的存在者，压制自由是违反人性的。也正因为如此，我们可以说：“要求自由的欲求无疑是人类所具有的一种普遍的特性。汤因比（Toynbee）说：‘没有一种最低限度的自由，人就无法生存，这正如没有最低限度的安全、正义和食物，他便不能生存一样。人性中似乎存在一种难以驾驭的意向……这种意向要求获得少量的自由，

① 《马克思恩格斯全集》，中文1版，第42卷，96页。

并且知道在意志被刺激得超出忍耐限度时如何设定其意志。’”①

二、自由，发展的目的

经济与社会发展的目的是满足人的需要、愿望和诉求，实现人的全面发展。每个人都拥有平等的发展机会，各项权益和需求得到社会应有的尊重和保护，每个人的才能在社会中得到充分的发挥，通过接受教育与工作实践不断提高文明素质和专业技能，从事个人喜爱的事业，这应该是社会发展的方向和目标。

诺贝尔奖得主阿马蒂亚·森在《以自由看待发展》一书中就指出，自由是发展的首要目的，自由也是促进发展的不可缺少的重要手段。财富、收入、社会现代化等，固然是社会追求的重要目标，但这些充其量只是发展的手段而已，属于工具性的范畴，从根本上说，它们是为人的福利、人的目的服务的。在他看来，发展是涉及经济、政治、社会、价值观念等多方面的综合过程，是扩展人们享有真实自由的过程。发展，意味着消除贫困、人身束缚、各种歧视压迫，消除法治权利缺失和社会保障匮乏的状况，从而提高“人们按照自己的意愿生活”的能力，即让每个人获得自由全面发展。

相关链接

阿马蒂亚·森

阿马蒂亚·森，1933 年出生于印度孟加拉湾，1959 年在英国剑桥大学获得博士学位，曾在多国如印度、英国和美国任教。1998 年离开哈佛大学到英国剑桥大学三一学院任院长。曾为联合国开发计划署写过人类发展报告，当过联合国前秘书长加利的经济顾问。因为在福利经济学上的贡献获得 1998 年诺贝尔经济学奖。

---

① ［美］博登海默：《法理学——法哲学及其方法》，275 页，北京，华夏出版社，1987。

自由是发展的目的，意味着我们要在发展观上做出更新，摈弃传统的发展观。传统的发展观过于注重物质财富的增长而忽视人的自由全面发展，把经济增长简单地等同于经济发展而忽视社会的全面进步；相应地，传统发展观将国内生产总值的增长作为衡量一个国家和地区经济社会发展水平的核心标尺，忽视了人文的、环境的指标。我们需要牢固树立以人为本的科学发展观，以实现人的自由全面发展为目标，从人民群众的根本利益出发谋发展、促发展，不断满足人民群众日益增长的物质文化需要，切实保障人民群众的经济、政治和文化权益，让发展的成果惠及全体人民。在发展中，要尊重和保障人权，包括公民的政治、经济、文化权利；要在经济发展的基础上，不断提高人民群众物质文化生活水平；要不断提高人们的思想道德素质、科学文化素质和健康素质；要激发人们的各项潜能，充分发挥人们的聪明才智。

强调自由是社会发展的目的，需要切实提升人们获取和实现自由的能力。这里的自由，不是单纯的消极被动的自由。也就是说，自由不单单是消极被动的权利，自由具有实质性的维度。社会所赋予的自由权利，只是作为一种可能性而存在的，要想充分享有这些权利，权利拥有者必须具备享受和支配这种权利的能力。阿马蒂亚·森也是从这一角度来理解自由的。他认为，从实质意义上来看，自由应被视为“享受人们有理由珍视的那种生活的可行能力”，“包括免受困苦——诸如饥饿、营养不良、可避免的疾病、过早死亡之类——基本的可行能力，以及能够识字算数、享受政治参与等等的自由”①。在这里，能力是自由的重要因素，自由是人们能够过自己愿意过的生活的能力。一个人要想实现较多的权利，必须相应地具备较多的能力。对于一个人而言，不具备相应的实现自由目标的能力，很难奢谈自由。同样，对于一个社会而言，如果不能使人们的生活

① ［印］阿马蒂亚·森：《以自由看待发展》，译者序言第3页，北京，中国人民大学出版社，2002。

得到有效的保障，不能为人们的成长提供切实的机会，也很难称其为自由的社会。因此，机会不应该仅仅对社会的强者开放，它应该面向社会所有人群尤其是弱者。发展是全民的权利，发展指向的不仅是效率和利益的提高，更为根本的是广大民众的参与和分享，是底层人群的选择能力和社会发展机会的切实提升。关注贫困人群、弱势群体，就应努力帮助他们培育、积累、开发发展的物质资本、人力资本和社会资本。在这里，政府应该发挥积极主动的作用，既应该保障人们的基本权利不受侵犯，同时也应该为人们的发展提供切实可行的经济社会保障。让每个人过上富有尊严的生活、让每个人的潜能得到切实有效的发挥、让每个人获得自由全面的发展，是政府应尽的责任和义务。

三、没有自由，个性就会被压制

尊重个性，尊重人们的多样化选择，是现代社会的基本特征。每个人应该有权根据自身发展的需要，自主地进行自我定向、自我选择、自我设计和自我创造，追求自己的幸福人生。

个性的自由发展是人性的本质要求。“人性不是一架机器，不能按照一个模型铸造出来，又开动它毫厘不爽地去做替它规定好了的工作；它毋宁像一棵树，需要生长并且从各方面发展起来，需要按照那使它成为活东西的内在力量的趋向生长和发展起来。”① 同样的生活方式，对于不同的人会有不同的效果；面对同一件事情，不同的人会有不同的认识、不同的情感体验，做出不同的价值判断。选择适合自己的生活方式，对每个人而言具有重要的意义和价值。世界上没有完全相同的两片树叶，也没有完全相同的两个人，正是人

① ［英］约翰·密尔：《论自由》，70页，北京，商务印书馆，1959。

的个性差异，才构成了丰富多彩的世界；正是男女的性别区分，才有了流传千古的爱情，才有了阳刚之健美、温柔之秀美，才有了勇敢与忠贞；正是智力天赋的差异，才有了笨鸟先飞的自强不息，才有了大器晚成的人生佳话。假如世界千篇一律，就没有多姿多彩可言；假如每个人的价值取向、行为方式完全相同，我们所面对的将是一个工厂车间，面对的是规格一致的产品。在一个工厂复制的条件下，将不会有千古绝唱，不会有传世的绘画精品。也正因为这样，我们可以说，差异、个性是宝贵的资源。

个性只有在自由的运用中才能得到展现。“人类的官能如觉知力、判断力、辨别感智力活动甚至道德取舍等等，只有在进行选择时才会得到运用。”[①] 相反，“一个人做一件事若是只因他人做了那件事，那正和相信一个东西只因他人相信了那个东西一样，他的官能便不会被运用”[②]。自由意味着人们有多重选择，在人们的面前有多条路可供走。如果说，前面只有一扇门，却告诉人们：“你有充分的自由，但你只能从这扇门走过。”这种所谓的自由选择毋宁说是一种强制。只有面前拥有多扇敞开的大门，人们才拥有多重选择的可能性，才有机会追求和创造自己的可能生活。所以，“人之有别于动物的首要之处，既不在于拥有理性，也不在于发明了工具与方法，而在于能选择，人在选择而不是被选择时才最成为自己。人是骑士而非马匹。人是目的的寻求者（而不仅仅是手段），并以他自己的方式追求目的。可想而知，追求的方式越多，人的生活就变得越丰富；个体间影响的领域越广，新的和预料之外的机会就越多；他沿着新鲜而未被探索的方向改变其自身性格的可能性越多，展示在每一个个体面前的道路也就越多，他的行动与思想的自由就越宽广”[③]。

---

① ［英］约翰·密尔：《论自由》，68页。

② 同上书，68～69页。

③ ［英］以赛亚·柏林：《自由论》，252页，南京，译林出版社，2003。

思想和言论自由，有利于个体认识能力的提高。人需要表达自己的想法、自己的观点。自由抒发己见是人之为人的依据，是人发展的基本条件。对言论自由的压制，可谓是对人格的扭曲、对个性的泯灭。用自由的言论表达丰富多样的观点，这是个体认识能力提升的重要方式。萧伯纳曾说过："如果你有一种思想，我有一种思想，彼此交换，我们每个人就有了两种思想，甚至多于两种思想。"正是在相互交流的过程中，我们每个人的知识得到了丰富、经验得到了提升。在生活中，对于同样的事务，每个人的看法是不尽相同的。正是因为彼此观点的差异，使得人们有了交流的欲望，愿意展示自己与众不同的观点，分享别人的经验或看法。世界上没有任何绝对确定的东西，即使是我们对某些事物的所谓正确的认识，也受一定条件的限制。现实当中不存在全知全能的智者，每个人的认识都是有限的。任何知识上的封闭，都会导致认识上的不完善。约翰·密尔就认为，对思想和言论的压制是不合理的，对于压制者而言，他们要冒着自己不可能犯错的假设进行活动。但事实上，每个人都是会犯错的，每个人的观点都具有片面性。而对于被压制者而言，压制会使其对自己的理性能力产生怀疑，迫使其放弃自己的意见而接受大众的错误意见。尤其对于知识分子而言，压制会扭曲他们的理性，使他们在一些重大问题上屈从于听众而不是自己所信服的东西，最终使得社会中本来真正有价值的真理失去意义的根据。① 真理产生于思想的交锋、观点的争鸣。真理越辩越明，任何意见只有经得起反复的批驳才能为人们所接受，以外在强制作为后盾的意见是没有生命力的；只有经过充分的讨论，人们才会真心实意地放弃自己的错误主张。即使是人们已经接受的正确意见，也应该经常接受讨论的检验，这样就不会成为刻板的教条而是活生生的真理，就会更加有效地作用于个人与社会。

---

① 参见［英］约翰·密尔：《论自由》，20页。

延伸阅读

约翰·密尔

约翰·密尔，英国著名哲学家和经济学家，19 世纪影响力很大的自由主义思想家。

约翰·密尔在《论自由》中，对思想和言论自由的重要性进行了深入阐述。他认为，思想自由和言论自由对于人类精神的福祉必不可少，只有在思想和言论自由的氛围中，才会有“智性”的进步和“德性”的进步。对于思想自由和言论自由之于人类精神福祉的价值，他做了如下四点概括：

第一点，若有什么意见被迫缄默下去，而这个意见可能是对的，却由于我们自己太武断而压制了真理。

第二点，即使被迫缄默的意见是一个错误，它通常总会含有部分真理，因为社会上的主导意见不会是也不可能是全部真理，因此只有借敌对意见的冲突才能使所遗真理有机会得到补足。

第三点，即使公认的意见不仅是真理而且是全部真理，若不容它去遭受而且实际遭受到猛烈而认真的争议，那么接受者抱持这个意见就像抱持一个偏见那样，对于它的理性根据就很少领会或感认。

第四点，教义的意义本身也会有丧失或减弱并且失去其对品性行为的重大作用的危险，因为教条已变成仅仅在形式上宣称的东西，对于致善是无效力的，它妨碍着去寻求根据，并且还阻挡着任何真实的信念从理性或亲身经验中生长出来。

资料来源：［英］约翰·密尔：《论自由》，61～62 页。

人既需要遵循社会的共同准则，同时也有在共同的规则下追求与众不同的生活的本性。在传统社会，等级体系森严，每个人的身份和角色都是固定的。每个个体自出生之日起，就处在一个固定的、有条不紊的阶梯化、系统化的关系网络当中。婴儿一降生到世间，他（她）不仅处于父母的管教和影响之下，而且还处于整个大家族的影响和控制之中。固定的社会地位同时也规定了个人行为的具体细节。“每一个人都占据分给他的位置，他必须依此行事。他所扮演的社会角色预先规定了他的行为的‘脚本’。很少留有别出心裁和打破常规的余地……一举一动都被赋予象征意义，必须遵从公认的格式，按照既定的形式进行。”[①] 也正因如此，任何游离于既定秩序之外的行为方式，都会招致怀疑和谴责。社会成员所处的从属、依附地位，使得独立的人格、个性得不到应有的发展。与传统社会相比，现代社会是一个崇尚个性、尊重人格独立发展的社会。在现代社会，人不是工厂流水线上的标准化产品，而是一个具有独立人格和个性的存在者。现代国家必须尊重人们多样化生活方式的选择，每个人选择什么样的生活方式、具有怎样的价值偏好、拥有什么样的价值观念，完全是自由的，只要其行为没有触犯别人的合法权利、没有威胁到公共利益，都应该得到尊重和保护。在这里，国家必须明确公共权力的界限。公共权力的运用，以不侵犯个人的自由空间为前提。国家权力对自由的保护要以确认公民的消极自由为基础。从一般意义上说，法律应当首先确定一个人的基本自由空间，这个空间以不侵害他人自由和社会公共利益为界限。这种自由是主体不受干涉，是免于侵犯的自由。在这一层面上，法律以“一般许可”的方式确认个人的合法空间。“一般许可”以禁止为例外的方式确认人们自由的空间。这种法律不禁止即为许可的方式表明，在法律不禁止的界限之内，个人的行为及言论是完全自由的，任何人、任何组织不得以任何名义、任何方式加以干预，否则就侵犯了个人的合法权利。

---

① ［苏］伊·谢·科恩：《自我论——个人与个人自我意识》，129页，北京，生活·读书·新知三联书店，1986。

延伸阅读

古代人的自由

本杰明·贡斯当，法国文学家和政治思想家，近代自由主义的奠基者之一。

1819年，贡斯当发表了著名的演说：《古代人的自由与现代人的自由》。他认为，古雅典的自由公民尽管行使直接民主，但现代意义上的自由观念，即"拥有一个不受外在专制力量所控制的独立空间"，在雅典人那里是不存在的。对此，他讲述道：在古代人那里，个人在公共事务中几乎永远是主权者，但在所有私人关系中却是奴隶。作为公民，他可以决定战争与和平；作为个人，他的所有行动都受到限制、监视与压制；作为集体组织的成员，他可以对执政官或上司进行审问、解职、谴责、剥夺财产、流放或处以死刑；作为集体组织的臣民，他也可能被自己所属的整体的专断意志褫夺身份，剥夺特权，放逐乃至处死。

现代社会应该允许个性的自由发展，容许各种不同的志趣和性格有发展的余地；应该大力发展经济，提升生产力发展水平，不断拓展人的交往能力，打破固化的人身依附关系，为每个人的成长和发展提供广阔的空间，让人的个性得到自由的成长。这不仅是个体的权利，也是社会发展进步的重要条件。

四、没有自由，生命就缺少尊严

尊严是人之为人的根据。人之所以为人，乃在于人有其作为人的尊严、地位和价值。人格尊严就是公民作为一个人应有的最起码的社会地位，并且应受到他人最起码的尊重。人有被别人尊重、被自我尊重和尊重别人的需求。人需要被认可，需要从事感觉有贡献、被接纳和有自我价值感的职业。这一层次需要的满足，会使人对自己充满信心、对社会满腔热情，体验到自己生命的意义和价值；相反，如果这种需求长期得不到满足，就会导致自卑的情结，甚至引发反社会的不良情绪和举动。

人是目的，不是国家、社会和他人实现自己利益的工具。康德就指出："每个有理性的东西都必须服从这样的规律，不论是谁在任何时候都不应把自己和他人仅仅当作工具，而应该永远看作自身就是目的。"① 一个人，因为是人，就具备了"人的尊严"的主体资格。这种资格不能因为其性别、种族、职业、国籍、能力而有所不同，也不因其对于社会的贡献的差异而有所不同。因此，尊严是与"人"本身附着的，即使是卑微的受难者，其做人的资格都是无法剥夺的，其作为人的尊严不能被否定。"不管每个人的个性如何，身心有无缺陷，也不管其对社会'道义'的价值有多大，他们每个人都拥有尊严。无论是尚未出生的胎儿，还是已经过世的死者，他们的尊严均应受到尊重和保护。"②人格尊严不可替代，不能用别的东西随意置换。金钱、权力等外在的东西一概不是人格尊严的替代品。"一个有价值的东西能被其他东西所代替，这是等价，与此相反，超越一切价值之上，没有等价物可替代，才是尊严。"③

普遍性尊严的思想，已写入了《世界人权宣言》："人人生而自由，在尊严和权利上一律平等。"保障人的尊严也已成为各国政府的庄严承诺。早在 1949 年，德国联邦《基本法》第 1 条第 1 款就规定："人的尊严不可侵犯，尊重和保护人的尊严是一切国家权力的义务。"2010 年 3 月 5 日，时任国务院总理温家宝在作政府工作

① ［德］康德：《道德形而上学原理》，53 页，上海，上海人民出版社，2005。

② ［美］乔治·恩德勒等主编：《经济伦理学大辞典》，324 页，上海，上海人民出版社，2001。

③ ［德］康德：《道德形而上学原理》，87 页。

报告时就明确指出：我们所做的一切都是要让人民生活得更加幸福、更有尊严，让社会更加公正、更加和谐。这凸显了中国政府着力改善民生、促进社会进步、维护人的尊严的坚强决心和庄严承诺。

人格尊严与自由权利紧密相关。尊严，表征着个体在基本权利方面是一律平等的，意味着每个人都享有平等的生命权、财产权、自由权和社会福利权，每个人都有在这个地球上生存和发展下去的权利。“尊严是每个人应当享有的权利，而且优先于国家法律所规定的所有权利。法治国家并不能为人提供尊严，但可保障人的尊严。”① 保障人的尊严是以保护和实现人的基本权利为前提的。试想：如果我们的人身安全得不到保障，随时都面临着暴力、奴役、恐吓的威胁，被随意地拘禁审查，在法庭上得不到合理的辩护和公正的审判，那么人将会感到无助、脆弱，会对未来产生绝望感；如果一个人的财产被随意充公，被以公共利益的名义随意侵占，如果一个人的房屋随意地被拆迁，那么他（她）将失去在这个社会中生存下去的基本依托；如果没有思想自由和言论自由，人就不能充分自由地表达观点，不能对不同的意见提出质疑，个体丰富的思想情感将得不到表达，世界因此将会只有一种声音，多彩的世界将会变得灰暗而单调；如果缺少福利权，强者会越来越强，弱者会越来越弱，流浪街头，无依无靠，全凭乞讨为生，还有什么人格尊严可言。因此，尊严意味着自由，意味着权利，只有在个体的权利得到尊重、保障和实现的社会里，人才能生活得富有尊严。

我们需要充分地认识到，拥有人之为人的基本权利、享有做人的尊严，是公民的权利；相应地，尊重和实现公民的权利、捍卫人的尊严，是政府的神圣使命。“推动社会健康有序发展、提高人民生

① ［美］乔治·恩德勒等主编：《经济伦理学大辞典》，324 页。

活水平、增进国民福祉，让公民有尊严地活着才是政府存在的正当性与合法性基础。”① 现代政府应当充分尊重和切实维护公民的尊严，坚决杜绝对公民进行侮辱、诽谤、诬陷、虐待等侵犯权利现象的发生；应该使每个人享有满足自我实现所必需的经济、社会和文化方面的权利，特别是要对社会弱势群体予以切实的帮助和关怀，激发其奋进的动力和勇气，让他们活得富有尊严。

五、没有自由，社会就缺乏创新和活力

自由是创新之襁褓，没有了自由，创新就难以发育。甚至可以这样说，没有自由，社会就没有活力，就没有发展和进步。

自由有利于创新性人才的培养。社会的发展进步有赖于一个个创新型人才的涌现。国内外相关研究一致认为，创新型人才大致具有下列明显的个性特征：有强烈的好奇心、旺盛的求知欲；有极强的自主性、独立性和自觉性；富有怀疑和批判精神，不迷信和盲从他人，喜欢独辟蹊径；具有丰富的想象力和敏锐的直觉；思维敏捷、灵活、流畅，爱好标新立异；具有百折不挠的坚强意志、勇于探索的冒险精神；具有开阔的眼界和广博的知识，善于融会贯通、触类旁通；等等。总之，大凡中外历史上有成就的科学家、发明家、思想家、文学家、艺术家，无不是有着鲜明的个性特征，他们的新发现、新思想、新发明、新创造，他们不朽的传世艺术珍品，无不与独特个性密切相关。可以说，无个性也就无创新。正是在自由宽松的环境中，独具个性的人才才能培养起来。我们需要通过有效的方式，将这些创新型人才的聪明才智充分发挥出来，营造起依靠创新推动社会发展的良

① 石佑启、曾鹏：《论保护人的尊严与现代行政法任务的变迁》，载《武汉大学学报（哲学社会科学版）》，2011（4）。

好氛围。

延伸阅读

钱学森：创新精神是“玩”出来的

像著名科学家钱学森这样举世公认的创新人才是怎样培养出来的呢？我们不妨从钱老中学学习的经历中寻找一些线索。

钱学森早年就读于北京师范大学附中。当时，附中的学生没有考试追高分的压力，他们把大量的时间用来“玩”。所谓的“玩”，就是读课外书、动手实验和外出实践。

生物课上，老师常常带学生到野外采集标本、制作标本；几何课老师用桐城派古文的风格写讲义，讲课时还拉着腔调念讲义，“很带味”；虽然当时学校还很穷，但是化学实验室却对学生随时开放，钱先生在那段时间做了很多化学实验。正是这种没有过多限制、形式多样的教育让钱先生对知识充满了兴趣，他博览群书，对探索新知充满了向往。

钱老 1984 年接受北师大附中教师访问时说，当时附中的选修课很多，“每天中午大家吃了午饭，在教室里互相交谈感兴趣的各种科学知识，数学的、物理的、化学的，什么都有……”

那个时候，附中的老师们也是这样教育学生。例如，著名数学教师傅仲孙先生提倡创新，在给学生的测验评分时别出心裁，如果出 5 道题，学生都答对了，但解法平淡，只给 80 分；如果答对 4 道，但解法有创新，就给 100 分，还要另加奖励。

自由促进经济繁荣发展。市场经济作为最有效率的资源配置方式，是保持经济活力的基本手段。发展市场经济，要求土地、劳动力、资本、信息等生产要素自由流动。改革开放以来，我国逐步建立和完善社会主义市场经济体制，打破了束缚生产力发展的条条框框，创造了举世瞩目的发展奇迹。党的十八大报告指出，要适应国内外经济形势新变化，加快形成新的经济发展方式，把推动发展的立足点转到提高质量和效益上来，着力激发各类市场主体发展新活力，着力增强创新驱动发展新动力，着力构建现代产业发展新体系，着力培育开放型经济发展新优势，不断增强长期发展后劲。党的十八届三中全会进一步提出，使市场在资源配置中起决定性作用。做到这一点，需要加快形成企业自主经营、公平竞争，消费者自由选择、自主消费，商品和要素自由流动、平等交换的现代市场体系，着力清除市场壁垒，提高资源配置效率和公平性；需要增强市场的自由度，让市场主体充分享受参与、竞争、经营的自主和自由；需要不断给市场松绑，扫除阻碍市场发展的体制机制障碍；需要政府简政放权，深化行政审批制度改革，最大限度减少中央政府对微观事务的管理。唯有如此，才能让一切劳动、知识、技术、管理和资本的活力竞相迸发，让一切创造社会财富的源泉充分涌流。

自由有利于解放思想、创新创造。解放思想、锐意创新是经济社会发展的精神基础。一部改革开放史就是一部思想解放、锐意创新史。党的十一届三中全会吹响了“解放思想，实事求是，团结一致向前看”的号角。改革开放的经验告诉我们，解放思想的力度和广度，决定着改革开放的效能、发展的质量和发展的速度。只有不断解放思想、深化改革、扩大开放，才能使我们的事业永远保持旺盛的生命力。正是依靠不断解放思想，我们在关键领域取得了一系列重大突破；依靠锐意创新，我们为社会发展提供了源源不竭的精神动力。当然，解放思想绝非易事。新思想、新观念、新事物在诞生之初和发展之中往往不被看好，甚至会受到奚落、阻挠和打击，其成长成熟需要充分自由的空间。目前，改革发展进入暗礁密布的深水区，已经迈入困难重重的攻坚期，前进道路上有很多硬骨头要啃，有很多险滩要过，我们需要具备昂扬向上、奋发进取的精神状态，具有一往无前、披荆斩棘的英勇气概，具有逢山开路、遇河架桥的坚定意志。为葆有这种精神、气概和意志，既需要每个人富有开创精神，更需要全社会形成宽松自由的环境，依靠制度营造“鼓励创新、宽容失败”的改革氛围，唯有这样，才能真正让人甩开膀子干，从而迸发出新的改革动力。

第三章

自由：社会主义的题中应有之义

自由是社会主义的题中应有之义。人的自由全面发展是马克思主义的最高命题，是社会主义的终极价值和根本指向。马克思早在新世界观形成初期在《莱茵报》上发表的《法的历史学派的哲学宣言》一文中就指出：人的“自由（合乎理性的本质）”①，人是“理性的存在物”②。在《共产党宣言》中，马克思、恩格斯更是十分明确地指出：“代替那存在着阶级和阶级对立的资产阶级旧社会的，将是这样一个联合体，在那里，每个人的自由发展是一切人的自由发展的条件。”③ 社会主义作为共产主义的初级阶段，是对资本主义社会普遍存在的奴役、剥削和压迫等不自由现象的反抗，是追求“人的自由全面发展”的伟大事业，社会主义“制度将给所有的人提供健康而有益的工作，给所有的人提供充裕的物质生活和闲暇时间，给所有的人提供真正的充分的自由”④。

一、自由不是资本主义的专利

很长一段时间里，一些人谈自由、人权就色变，认为那是资产阶级倡导的东西，是资本主义的东西，社会主义作为对资本主义的批判和超越，应该回避甚至批判资产阶级标榜的价值理念。这种观念实际上将自由、人权等价值理念看作资产阶级的专利，将自由民主制度视为西方专有的东西，无形中，将自由与社会主义剥离开来。如此一来，就把自由这种原本为人类所共同追求的价值理念、原本作为人所追求的美好的东西、社会发展创新的重要价值支撑给忽略了。不理直气壮地谈论自由、人权，这种做法会导致十分严重的后果：在话语权的较量中，我们自己将弥足珍贵的价值理念拱

① 《马克思恩格斯全集》，中文1版，第1卷，101页，北京，人民出版社，1956。
② 同上书，105页。
③ 《马克思恩格斯选集》，2版，第1卷，294页。
④ 《马克思恩格斯全集》，中文1版，第21卷，570页，北京，人民出版社，1965。

手相让。

实际上，在马克思对社会主义的设想中，自由被置于十分重要的地位，甚至是将自由视为社会主义最本质的东西。马克思、恩格斯在著作中，一再表达着对资本主义自由的严重不满，认为资本主义的自由是资产阶级的自由，是虚伪的自由。但是，马克思、恩格斯对资本主义自由的批判并不意味着他们认为社会主义应该放弃对自由的要求；相反，在他们看来，社会主义应该在吸收资本主义自由观的合理成分的基础上，创造出比资本主义更高层次的、更为真实的自由。也正因为如此，恩格斯在《社会主义从空想到科学的发展》中指出，现代社会主义"就其理论形式来说，它起初表现为18世纪法国伟大的启蒙学者们所提出的各种原则的进一步的、似乎更彻底的发展。同任何新的学说一样，它必须首先从已有的思想材料出发，虽然它的根子深深扎在物质的经济的事实中"①。社会主义要实现对资本主义的超越，就必须正视资本主义提出的自由观念，在吸收、借鉴资本主义自由的一切合理的内容和形式的基础上，将自由从资本中解放出来，获得它应有的发展。

相关链接

1894年，意大利社会党人朱·卡内帕请恩格斯为《新世纪》杂志题词，用简短字句来表达未来社会主义，以区别于诗人但丁曾说"一些人统治，另一些人苦难"的旧纪元。恩格斯答复如下："我打算从马克思的著作中给您寻找一行您所要求的题词"，"但是，除了从《共产党宣言》中摘出下列一段话外，我再也找不出合适的了：代替那存在着阶级和阶级对立的资产阶级旧社会的，将是这样一个联合体，在那里，每个人的自由发展是一切人的自由发展的条件"。

---

① 《马克思恩格斯选集》，2版，第3卷，719页，北京，人民出版社，1995。

实际上，社会主义就是追求自由的伟大事业。社会主义运动的开展，是一个追求自由和实现自由的具体过程。人权不是资产阶级的专利，社会主义同样强调人权。毫无疑问，近代资产阶级革命首先提出了自由、平等、博爱的响亮口号，在现实的政治实践中，将公民的生命权、财产权、自由权等基本权利明确下来，并通过一整套的制度设计对之加以保障。随着无产阶级的成熟和反对资产阶级斗争的发展，无产阶级也提出了自己的人权要求，开展了争取自由和人权的斗争。19 世纪 30 年代著名的英国工人宪章运动，就提出取得普选权，以便有机会参与国家管理的要求。人类历史上第一个无产阶级政权——巴黎公社，在短暂的几十天时间里，“在继承资本主义已有的自由民主基础上初步开创了社会主义的自由民主”①。巴黎公社在发布的《告法国人民书》中明确指出，公社应有的权利是“充分保障人身自由、信仰自由和劳动自由。公民通过自由发表意见和维护自身利益的方式，经常参与公社事务；对此公社保证给予方便，负责监督并确保自由而正当的集会和出版权”②。不论是后来的苏维埃俄国，还是社会主义的中国，在宪法和法律中，都明确规定了公民享有的基本权利，以及国家为保障和实现公民的基本权利所提供的各种保证。

当然，我们必须坦率地承认，现实的社会主义国家在建设过程中，出现了很多违背自由、侵犯自由的情况。由于现实社会主义国家脱胎于落后的封建社会，缺乏西欧社会中类似的宗教改革、文艺复兴、启蒙运动的思想洗礼，封建思想深重，自由民主观念缺乏。“深厚的封建君主专制的传统不仅使俄国走上社会主义道路后缺少可继承的资本主义自由民主的文明遗产，而且这种专制传统还渗透进社会主义体制，使苏联模式含有背离自由原则的先天的专制主义遗传基因。”③ 在传统

---

① 高放：《论社会主义与自由》，载《湖南师范大学社会科学学报》，2004（1）。

② 《巴黎公社公告集》，第 1 集，上海，上海人民出版社，1978。

③ 高放：《没有自由就没有社会主义——关于自由与社会主义的学术通信》，载《江苏行政学院学报》，2005（1）。

社会主义的实践中，高度集中的计划经济体制使得政治对经济、文化、社会进行着严密的控制，企业的生产经营、民众的私人生活缺乏应有的自主和活力。在法治观念薄弱、人治观念盛行的环境下，重大社会问题的解决往往诉诸群众性运动的方式，而历次政治运动往往伴随着侵犯人权的现象的出现。由此一来，“由于‘先天不足’尚未克服，‘后天’失策又连续不断，结果，现实社会主义国家总是授人以‘不自由’、‘专制’之柄，而资本主义国家则成了‘自由’的‘专利者’和‘自由世界’的‘代理人’”①。

在我国，几千年的封建专制统治下，“普天之下，莫非王土”。皇权高高在上，民众只能臣服于君主的统治，官卑民轻的观念十分深重。在君主专制统治下，法律只是统治者驭民的工具，“刑不上大夫，礼不下庶人”，因此难以形成现代法治所要求的民主、平等、自由、人权等观念。旧中国长期处于帝国主义、封建主义、官僚资本主义压迫之下，广大人民群众没有人权可言。深受其苦的中国人民，一百多年来，一直把推翻“三座大山”的压迫、争得人权作为自己的目标，为此前赴后继，不惜流血牺牲，进行了长期的艰苦卓绝的斗争。中华人民共和国成立后，中国的人权状况得到了根本的改变。中国政府和中国人民十分珍惜这一来之不易的胜利成果，为维护人权和不断改善人权状况做出了艰辛的努力，取得了显著的成绩。但是，由于受到“左”的错误思想的影响，特别是在“文革”期间，人权受到严重侵犯，相当数量的干部和群众遭到迫害，人格受到严重侮辱。我们必须痛定思痛，牢记这一历史教训，始终将维护和实现人们的自由权利放在极其重要的地位，防止历史悲剧的重演。

党的十一届三中全会果断地停止使用“以阶级斗争为纲”、“无产阶级专政下继续革命”等口号，将党的工作重心转移到社会主义现代化建设上来。会议审查和解决了历史上一批重大冤假错案和一

① 林怀艺：《论社会主义与自由》，载《云南社会科学》，2008（1）。

些主要领导人的功过是非问题，强调加强民主和法制，使民主制度化、法律化。全会批判了“两个凡是”的错误提法，重新确立了解放思想、实事求是的思想路线。党的十一届三中全会开创了中国社会主义现代化建设的新时期，也是中国人权发展的新起点。在随后的几年时间里，国家出台了一系列拨乱反正的具体措施。1982 年制定的新宪法对公民各项基本权利做了更为确切和明确的规定，对公民的人格尊严、人身自由、宗教信仰自由等各项自由权利予以了明确规定，规定公民的住宅不受侵犯，通信自由和通信秘密受法律保护，公民对于任何国家机关和工作人员有提出批评和建议的权利，对其违法失职行为有提出申诉、控告或检举的权利，等等。这为新时期的人权发展提供了坚实的法律保障。

1991 年，我国发表了《中国的人权状况》白皮书。这是中国政府向世界公布的第一份关于人权的官方文件，也是中国第一个人权白皮书。《中国的人权状况》白皮书，理直气壮地高举人权的旗帜，明确宣布享有充分的人权是长期以来人类追求的理想，公开申明实现这一目标是中国人民和政府的一项长期的历史任务。白皮书以大量的事实和数据，全面阐述了中国人权发展的成就，展示了中国人权的真实情况。同时，又鲜明地向世界宣布了中国的立场、观点和政策。多年来，我们在坚持生存权、发展权首要地位的同时，积极发展政治、经济、社会、文化权利，努力实现人的自由全面发展。2004 年，第十届全国人民代表大会第二次会议通过宪法修正案，将“国家尊重和保障人权”写入宪法，以国家根本大法的方式郑重宣告尊重和保障人权在我国的政治地位和法律地位，尊重和保障人权成为国家的政治理念和价值目标，由此，“人权”由一个政治概念提升为法律概念，尊重和保障人权的主体由党和政府提升为“国家”。人权入宪，为中国人权的全面发展开辟了广阔前景，开创了新的局面。2014 年，党的十八届四中全会明确了全面推进依法治国的重大任务，审议通过了《中共中央关于全面推进依法治国若干重大问题的决定》，强调要切实保障公民人身权、财产权、基本政治权利等各项权利不受侵犯，保障公民经济、文化、社会等各方面权利得到落实。

改革开放以来我国人权事业的发展表明，公民的自由权利得到了切实有效的保障，中国在尊重和保障人权方面不断迈出坚实的步伐。切实保障和实现公民的各项自由权利，提升人权保障的制度化和法治化水平，促进社会更加公正、和谐，使人们生活得更有尊严、更加幸福，这是实现中华民族伟大复兴的中国梦的内在要求，也是中国特色社会主义的题中应有之义。中国特色社会主义必须高举自由、人权的旗帜，为促进人的自由全面发展不懈努力。

社会主义不仅要创造出发达的社会生产力，创造出比资本主义更高的物质文明，也应该创造出比资本主义更为发达的政治文明。社会主义应当高度重视自由的价值，采取切实有效的措施，保护和实现人们的自由权利，在批判地继承资本主义自由的基础上，实现更高层次的自由。唯有如此，才能增进自身统治的合法性，增强社会主义制度的吸引力。

二、资本主义自由是有缺陷的

毫无疑问，近代资产阶级革命首先提出了自由、平等、人权的响亮口号，在现实的政治实践中，将公民的基本权利以法律的形式明确下来，并通过一整套制度设计对之加以保障。近代资产阶级使人们获得了以前难以企及的自由水平：在经济上，自由竞争的市场经济的发展，使得人们可以按照自己的方式生产、消费，可以在市场上进行自由的商品交换，劳动力在这其中也可以自由地交换；在政治上，资本主义摈弃种族、出身、等级、文化程度和职业划分等政治差别而提倡在法律面前人人平等，使得每个人获得了平等的自由的普遍外观；在思想文化上，言论自由和思想自由原则受到推崇，人们可以自由地表达自己的思想、观点；在宗教信仰上，每个人的宗教信仰是自由的，个人有权利和义务直接与上帝对话，倾听上帝的意志，并决定自己的行为，从而排除任何外在机构左右人的良心的权力。

西方资产阶级革命，使自由平等成为资产阶级反对封建专制制度革命的最有号召力和动员力的价值理念，为人类自由权利的实现和发展作出了积极贡献。尽管如此，我们需要看到，资产阶级和资本主义所强调的自由是存在严重缺陷的。在此，我们可以从近代资产阶级的两个标志性文件出发进行考察。发表于 1776 年的《独立宣言》宣布："人人生而平等，造物主赋予他们若干不可让与的权利，其中包括生存权、自由权和追求幸福的权利。" 1789 年，法国国民议会发表了《人权和公民权宣言》。《人权和公民权宣言》以《独立宣言》为蓝本，宣布自由、财产、安全和反抗压迫是天赋不可剥夺的人权，肯定了言论、信仰、著作和出版自由，阐明了权力分立、法律面前人人平等、私有财产神圣不可侵犯等原则。但是，无论是《独立宣言》，还是《人权和公民权宣言》，它们所宣称的人人自由平等的原则是有局限性的。

第一，这里的"人人"，并非指该国所有民众，更非普天之下所有的人，黑人奴隶、印第安人、女性、白人无产者并未包含其中。因此，这种自由平等以形式上的普遍性掩盖了事实上的特殊性。生活处境卑微的无产者、劳苦大众与有产者之间事实上的不平等，是被宣言的起草者所默认了的。

延伸阅读

关于《民主的嘲讽》

美国政治学教授托马斯·戴伊和哈蒙·齐格勒在《民主的嘲讽》一书中，把美国的民主描述为"精英民主"，即治理美国的是精英，不是民众。这些精英大多出自富裕、受过良好教育、声望卓著、名流、白人盎格鲁-撒克逊、新教徒等等社会集团。他们出身于上层阶级，在工业、商业、金融、教育、军事、交通、法律等行业的社会团体中占有或控制着绝对的权力。

在戴伊和齐格勒看来，美国各种权力机构的背后，政治生活的各个角落，经济上占统治地位的垄断财团的巨手在操纵着一切。它既决定着现今的美国社会政策和政府构成，也决定着劳动人民的命运，即使是美国总统，也只能在这个体制范围内运用权力。

第二，这里的自由平等，指的是形式的自由、形式的平等，而不是实质的自由、实质的平等。也就是说，职位向所有人平等开放，人人都有参与其中展开竞争的可能性。资本主义的主导意识形态——自由主义——认为，自由的本质在于个体拥有不受外在专制力量控制的私人空间。基于对个体自由权利的尊重和保护，政府要确保一个程序化的框架，让不同的人都有平等的机会参与竞争。与之相适应，政府要充当“守夜人”的角色，消极地保护公民的权利不受侵犯，而非积极主动地促进其幸福的实现。

为每个公民提供平等的机会，使其自由地开展竞争，表面上看这是十分公正的。但是，机会总归机会，并非每个人都能真实地参与其中，并在竞争中获胜。对于经济上遭受剥削、政治上没有权力的无产者而言，法律上的自由与平等无异于空洞的口号。形式化的自由，看似为每个人提供了平等的机会，任何人都可以凭借自己的努力参与到竞争体系当中。实际上，外在社会条件对一个人能否获得机会、获得多大的机会，具有至关重要的作用。对于一个拥有巨额财富的富翁而言，他在现实中拥有的机会，一定比一个一文不名的乞丐大得多。我们需要认识到，拥有平等的竞争机会，并不意味着能够现实地参与竞争。“对于政治上没有权力，经济遭受剥削的工人和其他劳动阶级来说，法律上的自由与平等无异于空洞的政治口号，因为它们并没有反映到实际的社会经济生活当中，并不能改变普遍存在于社会中的、每一个人都可以感受到的压迫与剥削。因此，争取真正的社会权利和社会平等，正是19世纪出现的社会主义运动的基本目标。"① 实际上，在资本主义社会，资本居于主导地位，谁拥有资本，谁的资本拥有量大，谁就在竞争体系中拥有发言权。也正因为如此，在资本主义社会里，真正通行的是财富的自由，谁占有金钱、财富，谁就拥有权利和自由，愈是有钱就愈是有机会。无钱无权无势的广大贫苦百姓总是被关在"自由"的大门之外。

三、社会主义追求更高、更真实的自由

资本主义的自由，特别是资产阶级革命早期所提出的自由是有着严重缺陷的，只为占少数的资产阶级享有，而对于广大无产阶级而言则是空洞的、虚幻的自由。社会主义，包括空想社会主义，都对资本主义的自由表达了严重不满，对其进行了严厉批判。

相关链接

乌托邦

1516年，英国空想社会主义者托马斯·莫尔出版了《关于最完美的国家制度和乌托邦新岛的既有益又有趣的金书》一书。在这本书中，莫尔抨击了正在经历资本原始积累时期的英国社会，把它比作"羊吃人"的社会。莫尔同时描绘了一个叫作"乌托邦"的岛国。在那里，私有制被废除，产品归全社会所有，公民在政治上一律平等，人人参加劳动。莫尔被后世公认为最早的社会主义

① 唐士其：《西方政治思想史》，357页，北京，北京大学出版社，2008。

思想的表达者。马克思和恩格斯曾称赞该书显示出“共产主义思想的微光”。“乌托邦”一词，是拉丁文utopia的音译，其原词来自两个希腊语的词根，“ou”是“没有”的意思（一说是“好”的意思），“topos”是“地方”的意思，合在一起是“乌有之乡”。“乌托邦”一词后来就成为空想社会主义的代名词。

空想社会主义者对资本原始积累时期资本家对无产者的残酷剥削予以了强烈谴责。在他们看来，资本主义经济自由不但不会给社会带来普遍幸福，恰恰相反，资本主义会产生大量的奴役、压迫。资本的自由竞争，所带来的并不是一个真正美好幸福的社会，相反，是一个残酷剥削的社会。托马斯·莫尔就揭露了资本主义一出世就犯下了“羊吃人”的罪恶。他写道：“你们的羊……一向是那么驯服，那么容易喂饱，据说现在变得很贪婪、很凶蛮，以至于吃人，并把你们的田地、家园和城市蹂躏成废墟。全国各处，凡出产最精致贵重的羊毛的，无不有贵族豪绅，以及天知道什么圣人之流的一些主教，觉得祖传地产上惯例的岁租金不能满足他们了。”① 在空想社会主义者看来，资本主义自由竞争的发展，并没有给人们特别是无产者带来普遍的利益，相反，是无产者生存命运的悲惨。英国杰出的空想社会主义者、掘地派运动的思想家和领导人温斯坦莱就指出，英国的资产阶级革命，并没有给人民带来真正的自由。英国内战的结果是使少数富人巧取豪夺了英国的大部分土地，而广大人民群众却缺少赖以耕种的土地。对此，他愤怒地写道：

> 虽然英国的土地足够维持比它现在多十倍的居民的生活，但是有些人却不得不乞求自己弟兄的施舍，为自己弟兄从事劳苦的工作，以换取按日计算的工资，不然就会挨饿，或者偷窃，或者作为一个不配活在世上的人而被吊死；此外，只有向

① ［英］托马斯·莫尔：《乌托邦》，21页，北京，商务印书馆，1982。

> 自己的兄弟交纳地租，他们才能被允许耕种荒地来维持自己的生存，这难道不是奴役吗？这就是压得上帝的创造物呻吟的重负！而所有臣民并不享有天赋的自由。他们的兄弟曾经答应要给他们这些自由，但是现在并没有给予这些自由，这是根据弱肉强食的法律办事的，而不是根据正义的法律办事的。①

在这里，空想社会主义者实际上将自由与财产紧密联系起来。在他们看来，只有掌握财产和金钱的资产者，才真正享受自由。对于不掌握土地、不拥有财产的无产者而言，和他们谈论自由，是一件奢侈的事情，是没有意义和价值的。德国空想社会主义者魏特林在《和谐与自由的保证》一书中，直截了当地指出，资本主义的自由就是财产的自由、金钱的自由，谁拥有的财产越多谁就越自由，广大穷人要想不致饿死，必须出卖自己的自由，甘受富人的奴役。为此，他指出：

> 从前人们用强力把人变成奴隶；现在奴隶自己出卖它自己；出卖他的健康，出卖他的青春，出卖他的血液，换来的是人们告诉他的所谓祖国；祖国的意思也就是说：这个国家里的一切私有财产和全体私有主；奴隶生长在这个国家里，但是他和他的同类在那里没有丝毫财产，也没有希望可以在那里获得丝毫财产。
>
> 从前，人们抢掠年轻的妇女，拿她像牲畜一样来交换，用强力把她们从父母兄弟和丈夫的怀抱中夺来；现在金钱制度能够做到这样，使得妇女自行出卖给有钱的人，拿美貌和娇媚、良心和贞操与浪荡子的万恶的黄金交换。②

没有财产的自由是缺少根基的，没有经济权利、社会权利作保

---

① ［英］温斯坦莱：《温斯坦莱文选》，96页，北京，商务印书馆，1965。

② ［德］威廉·魏特林：《和谐与自由的保证》，97页，北京，商务印书馆，1960。

障的政治自由，是虚伪的自由。在空想社会主义者看来，资产阶级尽管宣称人们享有言论自由、出版自由、结社自由，但是仅仅有这些宪法和法律所宣称的自由是不够的，政治自由权利的实现必须有经济权利的支撑。法律上规定的东西并不等于现实的东西。为此，魏特林将矛头指向了资本主义的私有制。在他看来，“土地的私人占有制成了一种违反社会利益的不公正的制度，一种不可饶恕的、可耻的盗窃行为”。他慷慨地讲道：

> 在今天的社会里维护私有财产这个概念，就是屠杀大量的劳动者。因此按照基督教的博爱观念也是完全不应该、不可能为它辩护的，可以这样说，对于一个真正的基督徒来说，这种辩护本身就像残杀自己的同胞一样可耻，不论这种残杀是用的毒药、匕首或是饥饿，还是用暴力或诈骗手段去剥夺他们的生活资料。①

19 世纪的空想社会主义者更是通过对资本主义社会中现实的不平等、不公正的批判，“揭穿了资产阶级学者的冠冕堂皇的约言、华美词句的空虚，暴露了资本主义社会的惊人矛盾——文明运行于‘罪恶的循环’之中，贫困由富裕本身产生”②。对此，傅立叶就尖锐地指出，资产阶级文明是“复活的奴隶制”，雇佣劳动就是奴隶劳动，工厂就是“温和的监狱”。空想社会主义者还触及了不平等、不自由的根源——私有制。他们认为，私有制是社会上存在不平等、劳动群众受苦和犯罪的根源。在欧文看来，“私有制使人变成魔鬼，使全世界变成了地狱”。空想社会主义者对资本主义制度弊端的批判，展示了资本主义的血泪发迹史，展现了他们对资产者所标榜的自由的强烈不满，和对劳苦大众对获得实实在在的自由的强烈渴望。

---

① ［德］威廉·魏特林：《和谐与自由的保证》，73 页。

② ［法］傅立叶：《傅立叶选集》，第 1 卷，“总序”第 2 页，北京，商务印书馆，1979。

相关链接

19 世纪三大空想社会主义者

在19世纪，空想社会主义达到了顶峰。当时，空想社会主义的最著名的代表人物有法国的圣西门、傅立叶和英国的欧文。他们如同之前的空想社会主义者一样，也对资本主义进行了犀利的批判。圣西门将无政府状态作为一切灾难中最为严重的灾难，认为经济自由必然导致这一状况。傅立叶认为，雇佣劳动制度是“复活的奴隶制”，资本主义工厂是“温和的监狱”。欧文抨击了资本主义私有制，认为私有制是一切阶级之间纷争的根源。他揭露了资本主义制度下的剥削关系，认为劳动者创造了大量财富，但大部分落入资本家的私囊，造成了工人阶级挨饿受冻，日益贫困。欧文斥责英国资本主义社会是“知识与无知的结合，富贵与贫困的结合，奢侈与忍辱受苦的结合”。三大空想社会主义者以大无畏的英雄气概批判了资本主义制度的弊病，将这个制度日益加深而又不可克服的矛盾展现在人们面前。他们抱着深切同情无产阶级的态度，揭露了统治阶级的残酷，代表无产阶级和广大劳动人民诉说了遭受剥削和奴役的重重苦难。

科学社会主义批判地吸收了空想社会主义关于自由问题的丰富资源。与空想社会主义者一样，马克思、恩格斯对资本主义的自由进行了深刻揭露和批判，对底层民众的自由权利予以了特别关注。马克思主义是工人阶级的意识形态，它反映了工人阶级和广大人民的利益、愿望和要求。它丝毫不隐瞒和回避自己的阶级本质，不以“超阶级”的形式标榜自己是“全人类”利益的代表，而是公开申明自己的阶级性，申明自己是为工人阶级利益服务的。作为无产阶级利益的自觉代言人，马克思、恩格斯对无产阶级和广大劳动人民的命运表现出强烈的关切。马克思、恩格斯深入工人阶级之中，深刻洞察了工人阶级的悲惨命运，对资本主义社会条件下的剥削和被剥削现象进行了无情的鞭笞，他们对资本主义社会条件下资本家对工人的疯狂剥削压榨进行了无情批判，对资本主义社会条件下的异化现象进行了深入剖析。在马克思、恩格斯看来，资产阶级利欲熏心、贪得无厌，为了获得高额的利润，不惜采取任何手段对工人进行残酷的压制。被剥削的工人除了睡眠、饮食等纯生理上的需要所引起的间断以外，都是替资本家劳动，他们身体疲惫、精神麻木，不过是一架为别人生产财富的机器。并且当这架机器老化或不适宜时就毫不留情地被抛弃，连一头载重的牲口还不如。马克思主义坚决批判一切剥削阶级的理论观点，自觉捍卫广大无产者的利益，以推翻一切剥削制度、消灭社会不平等现象、争取全人类的彻底解放为己任。

经典论述

如果一个人只为自己劳动，他也许能够成为著名的学者、伟大的哲人、卓越的诗人，然而他永远不能成为完美的、真正伟大的人物。

如果我们选择了最能为人类而工作的职业，那么，重担就不能把我们压倒，因为这是为大家作出的牺牲；那时我们所享受的就不是可怜的、有限的、自私的乐趣，我们的幸福将属于千百万人，我们的事业将悄然无声地存在下去，但是它会永远发挥作用，而面对我们的骨灰，高尚的人们将洒下热泪。

——马克思：《青年在选择职业时的考虑》

中国共产党始终把不断推进人的自由全面发展作为社会发展的重要标志，致力于中国人民的自由和思想解放。中国共产党在一大通过的党纲中就旗帜鲜明地指出：我们党的最终目标是实现共产主义，是为整个人类的彻底解放而奋斗的，是代表着绝大多数人的根本利益的。正是在此思想的指引下，以毛泽东为代表的中国共产党人为了全国人民的解放和自由进行了轰轰烈烈的解放运动，推翻了“三座大山”的统治，完成了社会主义改造，实现了民族独立、人民当家作主。改革开放以来，我们党大力倡导坚持“解放思想，实事求是”，努力改善人们的生产和生活条件，不断解放和发展生产力，采取了一系列保障公民权利的有力措施，取得了举世公认的成就。中国特色社会主义的实践进一步促进了自由的实现，为人的自由全面发展创造了良好的条件。

经典论述

共产党人不是同其他工人政党相对立的特殊政党。

他们没有任何同整个无产阶级的利益不同的利益。

他们不提出任何特殊的原则，用以塑造无产阶级的运动。

共产党人同其他无产阶级政党不同的地方只是：一方面，在无产者不同的民族的斗争中，共产党人强调和坚持整个无产阶级共同的不分民族的利益；另一方面，在无产阶级和资产阶级的斗争所经历的各个发展阶段上，共产党人始终代表整个运动的利益。

因此，在实践方面，共产党人是各国工人政党中最坚决的、始终起推动作用的部分；在理论方面，他们胜过其余无产阶级群众的地方在于他们了解无产阶级运动的条件、进程和一般结果。

——马克思、恩格斯：《共产党宣言》

以生产资料公有制为主体的经济制度为保障人们的实质自由提供了根本保障。社会主义社会在经济上实行公有制为主体、多种所有制经济共同发展的基本经济制度，实行按劳分配为主体、多种分配方式并存的分配制度，占人口绝大多数的工人阶级和其他劳动人民在享有生产资料不同形式所有权和支配权的基础上当家作主。经济地位上的平等，从根本上决定并保证了社会主义的自由不受资本的操纵。社会主义的自由不是少数人占有生产资料而享有的自由，相反，最广大的人民群众享受着实实在在的自由。

社会主义建立了无产阶级专政的政权，让劳动人民掌握了国家权力，从而获得了最大的政治自由。《中华人民共和国宪法》规定，国家一切权力属于人民，中华人民共和国公民依法享有言论、出版、集会、结社、游行、示威的自由，享有宗教信仰自由，公民的人身自由不受侵犯。社会主义制度的建立使广大人民获得了历史上从未有过的民主权利和自由。人民当家作主的民主制度在人类历史上第一次实现了大多数人平等享有民主权利，为广大劳动人民平等地享有和实现各种自由权利提供了制度的保障。

社会主义坚持以马克思主义为指导，大力发展社会主义文化，使人们的思想境界不断得到提高。中国特色社会主义大力发展社会主义文化，贯彻“二为”方向和“双百”方针，引导文化工作者提高文化产品质量，创作生产出一系列思想性艺术性观赏性相统一、人民喜闻乐见的优秀文艺作品，不断满足人民群众日益增长的精神文化需求，不断丰富人民的精神世界，增强人民的精神力量；广泛开展普法教育和民主实践，让人们充分认识权利的重要性，懂得依法维权，同时做到尊重他人的权利，从而保证了自由的有效实现；注重提升人们的思想道德素质，实施公民道德建设工程，加强社会公德、职业道德、家庭美德、个人品德教育，引导人们自觉履行法定义务、社会责任、家庭责任，在提升人们的权利意识的同时，培育人们的社会担当意识和奉献精神。

总之，中国特色社会主义为自由的实现开辟了广阔的空间，我们要坚持走中国特色社会主义道路。同时，我们需要清醒地认识到，人们自由的实现程度受社会发展水平的制约。社会主义的自由作为人类自由发展的一个历史阶段，仍然无法摆脱人对自然和社会条件的依赖。我国仍处于社会主义初级阶段，生产力发展水平仍较低，人们的物质生活条件尚需要进一步改善，民主法治建设还需要进一步加强，人们的精神生活还需要进一步丰富，社会保障水平还需要进一步提高。这些在很大程度上制约着人们的自由实现程度。我们需要推进法治中国建设进程，努力实现国家治理体系和治理能力的现代化，有效保护和实现人们的各项权利；大力发展社会生产力，不断改善人们的物质生活条件，提高社会保障水平，丰富人们的文化生活，提升人们的思想境界，使得人们的实质自由程度不断得到提高。

第四章

社会主义自由的基本原则

从人类社会发展史的角度看，社会主义的发展需要批判地继承资本主义社会创造的文明成果。超越资本主义的社会主义，并不全然反对和抛弃资本主义所形成的以自由、平等、博爱等价值理念为核心的价值体系，相反，社会主义力图使人的自由发展获得更具实质性的意义，即在实现人们政治上的自由、平等的同时，实现人在经济、社会上的自由全面发展。社会主义应该在积极吸收人类文明成果的基础上，不断丰富、完善和实现人的自由。

一、自由是具体的、历史的

社会主义主张自由是历史的、具体的，超历史的、超现实的自由是不存在的。不容否认，自由、平等、人权具有普遍性。社会成员，不论其种族、性别、肤色、语言、宗教、社会出身、财产状况、文化水平等，在享有基本自由权利方面应该一律平等。但是，人权的普遍性，并不意味着它是千篇一律的、实现形式是唯一的。自由、权利从来都是植根于特定的历史情境中的，它的实现方式从来都是具体的、历史的。马克思、恩格斯就指出："人们每次都不是在他们关于人的理想所决定和所容许的范围之内，而是在现有的生产力所决定和所容许的范围之内取得自由的。"① 社会历史发展到什么程度，人的自由也就达到什么程度。原始时代的人们茹毛饮血，受着自然力的支配，是自然界的奴隶。随着制造和使用工具的能力的提高，人类才逐步增强了改造自然、抵抗野兽侵袭的能力，自由程度也慢慢得到了提高。在现实生活中，为了更好地实现自由，需要我们不断加强社会主义市场经济建设、民主政治建设、文化建设、社会建

① 《马克思恩格斯全集》，中文1版，第3卷，507页，北京，人民出版社，1960。

设和生态文明建设，不断提高社会发展水平，为人的自由全面发展创造良好的条件。

经典论述

世界上只有具体的自由，具体的民主，没有抽象的自由，抽象的民主。

——毛泽东

西方国家一直以人权卫士自居，声称其自由民主理念代表了历史发展趋势，堪称人类史上最完美的状态。自由民主体制，具体地说以美国为代表的西方自由民主体制是人类社会发展的方向，认为凡是不顺从西方，尤其是与美国人权观念相违背的政权都属于被改造或打击的对象。在这一问题上，最典型的是福山的观点。在《历史的终结》中，福山明确指出，苏联解体、东欧剧变、冷战的结束，标志着共产主义的终结，历史的发展只有一条路，即自由主义的经济和民主政治。[①] 尽管其他自由主义思想家在这一问题上不像福山表达得那样直白，但也表现了对自由主义、自由民主的高度自信。例如，斯蒂芬·霍姆斯就指出："毫无疑问，自由主义不会在短期内独霸全球。权威主义和原教旨主义仍然存在，种族主义正在兴起。但是，就目前的情势而言，无论是从经济的还是从军事的角度来看，宪政主义民主制度显然比它的任何对手都具有优越性。人们也不能忽视自由主义作为一种政治理念再度成为关注的中心这一事实。"[②] 这些思想家的观点背后不仅蕴含了他们对所谓的自由民主理念的信奉，也体现了强烈的西方中心论色彩。他们往往在自由主义和非自由主义之间进行了价值高低的排序，将其他非自由主义的自由包括

① Francis Fukuyama, "The End of History?" *The National Interest*, 1989, vol. 16, pp. 3-18.

② Stephen Holmes, *Passions and Constraints*: *On the Theory of Liberal Democracy*, University of Chicago Press, 1995, p. Ⅺ.

社会主义的自由列入价值链条的底部，成为被拷问、被改造的对象。显然，没有严格按照西方自由民主模式建设的国家，其形象是被诋毁了的。不仅如此，西方国家还加紧价值观的输出，力图按照自己所理解的自由民主理念对其他国家进行改造。

延伸阅读

警惕西方的“民主人权输出”

近年来，在一些国家中发生的以政权更替、社会动乱为表现的所谓“颜色革命”，往往与西方“民主人权输出”密切相关。格鲁吉亚爆发的“玫瑰革命”、乌克兰爆发的“橙色革命”、吉尔吉斯斯坦爆发的“郁金香革命”、中东和北非一些国家相继爆发的“茉莉花革命”等等，背后都有着西方国家“民主输出”的推动。西方媒体曾一度欣喜狂呼：独联体地区的“民主浪潮”已经形成，该地区人民将在“第三次欧洲解放浪潮”中获得民主和自由。然而，“颜色革命”并没有结出什么善果，相反，它所带来的是社会的动荡乃至倒退。“橙色革命”前的乌克兰经济以5%的速度增长，而“革命”后的2009年经济萎缩了15%，国家债务缠身，甚至面临破产。同样的问题也严重困扰着其他发生“颜色革命”的国家。事实证明，西方输出的民主形态在许多地方并没有合适的土壤，反而成为社会混乱的重要原因。世界人民都有追求自由民主的权利，但西方的自由民主形式并非世界各国必须遵循的标杆。

西方国家以自由民主卫士形象自居表明，它们将资本主义的自由视为人类社会追求的终极目标，将资本主义世界视为人类历史发展的趋势。这是一种故步自封的自由观念，是自我陶醉、霸权主义的心态。正如我们已经指出的，自由不是资本主义的专利，不仅法国大革命提出了自由、平等、博爱的响亮口号，美国《独立宣言》鲜明提出人生而平等，被造物主赋予内在的、不可剥夺的权利，自由也是人类共同的价值追求。正如我们一再强调指出的，人们自由的实现程度与当时的社会发展水平紧密相关。由于国情不同，每个民族、每个国家追求自由的方式各有不同，在自由内容实现的侧重点上也有所差异。英国式的自由不同于法国式的自由，德国式的自由也有别于英法式的自由。同样，发展中国家在强调自由权利的时候，特别强调生存权和发展权的重要性，将之置于人权发展的优先位置，这是有其特定的历史和现实原因的。

相关链接

生存权和发展权是首要的基本人权

中国认为，生存权和发展权是首要的基本人权。我们之所以持这种观点，是因为生存权和发展权是其他人权实现的基本前提。人的生命存在与人身安全没有保障，就意味着人的生存权随时都有被非法剥夺的危险。同时，这一观点符合广大发展中国家的历史与现状，符合发展中国家人民的要求。从历史上看，争取国家和民族的独立与生存，是殖民地、半殖民地和广大发展中国家人民首先必须解决的人权问题。没有生存权，任何人权均无从谈起。从现实看，一方面，殖民主义、霸权主义、种族主义至今仍然十分猖獗，危害着世界和平与安全，威胁着发展中国家的独立与生存；另一方面，长期的殖民统治和新殖民主义的经济剥削给发展中国家造成的饥饿、贫困和落后，仍然威胁着发展中国家人民的生存。争取公正合理的国际政治经济新秩序，维护和实现生存权和发展权，仍然是广大发展中国家在人权方面的首要任务。

当然，我们也需要认识到，即使是对于少数发达国家来说，人民的生存权和发展权也仍然是头等重要的人权问题。在这些国家中，由于贫富分化、失业增加、种族歧视、腐败泛滥、犯罪率不断上升等原因，人民的生命和财产安全经常受到威胁，基本自由和人格尊严往往得不到尊重，而且仍有相当一部分人生活在贫困线以下。那种认为发达国家已不存在人的生存和发展问题的观点，是不符合事实的。

自由的历史性和具体性表明，一方面，我们需要充分认识到，自由是人类的共同价值追求，我们崇尚自由，捍卫和保障人权，采取切实有效的措施实现人们的自由。处在发展过程中的社会主义，尽管还存在不完善、不尽人如意的地方，但社会主义为自由的实现开辟了广阔的发展空间。随着社会主义制度的完善和发展，人的自由权利将会得到进一步的保障和实现。另一方面，我们也需要清醒地认识到，任何社会的自由都不是完美无缺的。资本主义的自由存在很大的缺陷，社会主义在保护和实现人们的自由权利方面，也还有很大的提升空间。任何国家、任何民族，在自由观念上，都不应故步自封，应该随着历史和实践的发展与时俱进，不断汲取其他民族、其他国家的成果，根据自身特色进行创造性的发展。那种声称自由终结于西方自由民主社会的观点，是一种非历史的观点。在社会主义看来，自由理念的提升、人们自由的实现程度，会随着实践的发展而不断发展。正是在这一意义上，社会主义崇尚自由，但没有终结自由。

二、自由是形式自由与实质自由的统一

社会主义高度重视公民的自由权利，但社会主义并不将自由视为天赋的东西。在社会主义的视野中，“自由绝不仅仅意味着每个人享有某些抽象的自由权利，而且还意味着个人有能力、有资源享受这种权利”①。马克思主义主张将实质的自由而非形式的自由、将实

① 李强：《自由主义》，172页，长春，吉林出版集团有限责任公司，2007。

质的平等而非形式的平等在现实中加以实现。

在马克思主义看来，形式化的自由看似为人们提供了平等的机会，任何人都可以凭借自己的努力参与竞争体系当中，但实际上，外在社会条件对一个人能否获得机会、获得多大的机会，起到至关重要的作用。对于一个拥有巨额资本的富翁而言，他在现实中拥有的机会，一定比一个一文不名的乞丐大得多。因此，财产、地位对一个人能否获得实实在在的自由是十分重要的。对于在政治上没有权力、在经济上没有地位的无产阶级来说，自由、平等无异于一个非常抽象而又虚伪的口号。对于资本主导下的资本主义社会的状况，马克思、恩格斯用一种讽刺的口吻评论道："好一个自由！无产者除了接受资产阶级向他们提出的条件或者饿死、冻死、赤身露体地到森林中的野兽那里去找一个藏身之所，就再没有任何选择的余地了。"① 马克思愤怒地指出："先生们，不要用**自由**这个抽象字眼来欺骗自己吧！这是谁的自由呢？这不是每个人在对待别人的关系上的自由。这是资本榨取工人最后脂膏的自由。"②

也正因为如此，在马克思看来，资产阶级的政治解放消除了人与人之间在阶级、种族、性别、职业等方面的差别，使得人们获得了平等的政治权利。但是，法律所规定的这些权利如果没有相应的社会条件为支撑，是难以变成现实的。只有从政治自由解放发展到社会解放，才能使无产阶级的自由权利真正得到保障和实现。对此，马克思明确指出："只有当人认识到自身'固有的力量'是**社会**力量，并把这种力量组织起来因而不再把社会力量以**政治**力量的形式同自身分离的时候，只有到了那个时候，人的解放才能完成。"③

---

① 《马克思恩格斯全集》，中文1版，第2卷，360页，北京，人民出版社，1957。
② 《马克思恩格斯全集》，中文1版，第4卷，457页，北京，人民出版社，1958。
③ 《马克思恩格斯全集》，中文2版，第3卷，189页，北京，人民出版社，2002。

自由的实质性维度表明，自由的实现需要一定的社会条件，没有社会条件保障的自由，是建立在空中楼阁上的，是虚幻的自由。资本主义的自由市场竞争机制，剔除了特权因素的影响，对于激发个体的潜能，发挥自身的积极性、主动性和创造性，具有十分重要的意义。但是，我们需要认识到，一个人在竞争中能否取得成功，除了主观努力，还受到多种因素的影响。一些非自致性的偶然因素对一个人竞争中的成败有重要的影响。良好的社会环境、家庭背景等等，往往对一个人的成长十分重要。也正因如此，当代平等取向的自由主义思想家如罗尔斯，对古典自由主义的自由观感到不满。罗尔斯在主张平等的自由原则的同时，特别强调差异性原则，即社会的政策安排应该向弱势群体倾斜。在他看来，应该“建立这样一种社会制度，使任何人都不会因为他在自然禀赋分配中的偶然位置，或者他在社会中的起点而有所得或者有所失，同时不付出或者接受相应的利益补偿”①。

延伸阅读

关于《正义论》

当代美国政治哲学家、伦理学家罗尔斯，在其名作《正义论》的一开始，就对正义的重要性做了精彩论述。在罗尔斯看来，“正义是社会制度的首要价值，正像真理是思想体系的首要价值一样。一种理论，无论它多么精致和简洁，只要它不真实，就必须加以拒绝或修正，同样，某些法律和制度，不管它们如何有效和有条理，只要它们不正义，就必须加以改造或废除”。在《正义论》中，罗尔斯提出，一个公正的社会，一方面需要保证权利平等，即机会向所有的人平等开放；另一方面，又要重视差异性原则，即要对社会弱者的利益予以特殊的关注。

---

① John Rawls, *A Theory of Justice*, Oxford University Press, 1999, p. 87.

之所以如此，是因为一个人的成功，除了自致性因素，即个人努力之外，诸如家庭状况、受教育程度等社会性因素，以及身体健康与否等个人的生理性因素等也起着重要作用。而弱者之所以弱，很大一部分原因是由其不可控的社会性因素以及生理性因素所导致的。如果不对弱者予以特殊的关注，势必会影响其权利的实现，危及社会的公平正义。

“社会主义最大的优越性就是共同富裕，这是体现社会主义本质的一个东西。”① 社会主义的自由以实现共同富裕为前提，社会主义不应建立在少数人极度富有、享有充分的自由权利，多数人极端贫困、无法享有实质自由的基础上。作为对资本主义自由理念的批判和超越，社会主义应该在继承人类已有的成果的基础上，作进一步的发展。社会主义崇尚平等、公正的价值理念，崇尚人际友善、社会和谐。切实维护社会的公平正义，促进社会的友善和谐，一方面，需要我们充分发挥市场在资源配置中的决定性作用，充分发挥市场的积极功能，促进社会生产效率的提高；另一方面，需要建立健全完善的社会保障体系，注重弱者生存和发展条件的改善，让每一个人，特别是弱势群体获得良好的生存和发展环境，实现实质的自由而非单纯的形式自由。

相关阅读

邓小平晚年心系分配公平问题

1993 年 9 月，89 岁高龄的邓小平同志与其弟弟邓垦进行了一次具有深远历史意义的谈话。在谈话中，改革开放的总设计师谈到了对发展起来以后中国所面临的深层次问题的思考。他说道：“十二亿人口怎样富裕，富裕起来以后财富怎样分配，这都是大问

① 《邓小平文选》，1 版，第 3 卷，364 页，北京，人民出版社，1993。

题。题目已经出来了，解决这个问题比解决发展起来的问题还困难。分配的问题大得很。我们讲要防止两极分化，实际上两极分化自然出现。要利用各种手段、各种方法、各种方案来解决这些问题。……中国人能干，但是问题也会越来越多，越来越复杂，随时都会出现新问题。……少部分人获得那么多财富，大多数人没有，这样发展下去总有一天会出问题。分配不公，会导致两极分化，到一定时候问题就会出来。这个问题要解决。过去我们讲先发展起来。现在看，发展起来以后的问题不比不发展时少。”这番话，语重心长。它告诉我们，高高飘扬的中国特色社会主义旗帜应鲜明地展示“公正”两个大字；它激励国人，要创造性地走出一条“共同富裕”的中国特色社会主义道路。

三、自由与法律、秩序共存亡

自由与法律、秩序紧密相关。法律反映并调整一定的社会关系，用规定人们的权利和义务的方式，规范全体社会成员的行为。自由是法律下的自由，是通过法律界定、确定的自由，是人们在法律规定的范围内拥有自由行动、不受限制的权利。

历史上，许多思想家对于自由与法律的关系进行过精辟的阐述。亚里士多德就说过：“公民们都应遵守一邦所定的生活规则，让各人的行为有所约束，法律不应该被看做（和自由相对的）奴役，法律毋宁是拯救。”如果人人放纵于随心所欲的生活，其“结果会是‘人人都各如其妄想［而实际上成为一个混乱的城邦］’”①。洛克也认为：“法律按其真正的含义而言与其说是限制还不如说是指导一个自由而

① ［古希腊］亚里士多德：《政治学》，280～281页，北京，商务印书馆，1965。

有智慧的人去追求他的正当利益……法律的目的不是废除或限制自由，而是保护和扩大自由。这是因为在一切能够接受法律支配的人类状态中，哪里没有法律，那里就没有自由。”① 马克思认为，“自由就是从事一切对别人没有害处的活动的权利。每个人所能进行的对别人没有害处的活动的界限是由法律规定的，正像地界是由界标确定的一样”②。

可见，在这些思想家看来，自由不是与法律相分离、相对抗的东西；相反，自由是法律所追求的价值。一方面，自由构成法律的目的。自由是法律的灵魂和精神，法律的目标、内容和标准都应包含着自由的内容、都应体现着人的自由精神，它们是人的自由需求、自由追求、自由精神的法律表达。因此，法律是为了保证每一个人自由发挥自己的才能的，而不是为了束缚人的才能的。法律的力量仅限于禁止每一个人损害别人的权利，而不禁止他行使自己的权利。只有确认人的权利、维护人的自由、保障人的自由的法律，才是真正意义上的法律。正因如此，法律是为确认和保障自由而设立的，法律权利和法律义务是为实现自由而设定的，法律的实施也必须以自由为宗旨。

经典论述

法律不是压制自由的手段，正如重力定律不是阻止运动的手段一样。……法律是肯定的、明确的、普遍的规范，在这些规范中自由的存在具有普遍的、理论的、不取决于个别人的任性的性质。法典就是人民自由的圣经。

——马克思

另一方面，法律为自由提供了坚实的保障。保证自由不被滥用、不受侵犯，是法律的基本职责。法律确定了自由的内容。人们的自

① ［英］洛克：《政府论》，下篇，35～36页，北京，商务印书馆，1964。

② 《马克思恩格斯全集》，中文1版，第1卷，438页。

由是广泛的，法律对人的最基本的自由予以了明确的认定，对一般性的自由则以不予禁止的方式赋予。当人们的自由权利受到侵犯时，法律会对侵犯自由的行为予以制裁，从而对自由予以强制性的保障。法律同时也确定了自由的量度和边际。在生活中，不同个体在行使自由权时会有重叠、交叉甚至冲突，为了避免这些现象的发生，或者为了将冲突限定在可控制的范围内理性地加以解决，法律对某些自由作出了边际规定，对各种自由的冲突设定了解决的原则，使各种自由并行不悖、各得其所。

经典论述

政治自由绝不是意味着可以随心所欲。在一个国家里，即在一个有法可依的国家里，自由仅仅是做他应该想要做的事和不被强迫做他不应该想要去做的事。……自由是做法律所许可的一切事情的权利；倘若一个公民可以做法律所禁止的事情，那就没有自由可言了，因为，其他人也同样也有这个权利。

——孟德斯鸠

有边界才有秩序，有底线才有自由。只有在秩序的前提下，才能真正实现自由，也只有在有序的基础上，公众才能充分享有参与权、表达权和监督权。因此，真正的自由，不是为所欲为，法律之下有秩序的自由才是真正的自由。为此，每个人在行使权利、享有自由的同时，必须遵守国家法律和法规，自觉维护社会秩序，不损害他人、集体、社会的利益。

社会主义的自由同样也不是随心所欲的，它以法律、纪律的许可为限度。《中华人民共和国宪法》赋予了公民广泛的自由权利的同时，也明确规定，“任何公民享有宪法和法律规定的权利，同时必须履行宪法和法律规定的义务”。个人在行使自己的自由权利时，如果损害了他人、集体和社会的权利，就必须受到法律的制裁。

相关链接

网络言论自由的法律边界

20世纪90年代中期以来，互联网在我国发展十分迅速。根据2014年1月16日中国互联网络信息中心发布的《第33次中国互联网络发展状况统计报告》，互联网已成为网民首要信息来源和表达工具。截至2013年12月，中国网民规模达6.18亿，网络普及率为45.8%。互联网已经成为公众参政议政、沟通交流、获取知识的重要平台。

但随着互联网的快速发展，利用信息网络实施的各类违法犯罪活动日渐增多，特别是利用互联网等信息网络进行造谣诽谤的违法犯罪现象比较突出。尽管网络生活是自由的，但自由是有限度的，绝不是没有原则、没有规矩、信口开河的。言论自由与守法是不矛盾的。互联网信息自由流动和安全流动是相互依存的。有害信息泛滥会阻碍互联网自身的发展。依法治理网络空间，是世界各国的共识和普遍做法。目前，世界上近百个国家和地区制定了有关互联网的法律法规，还有不少国家建立了专门的执法机构。

作为最早对互联网内容进行约束和管理的国家，美国一直在探索有效管理互联网的方法。自1978年以来，美国先后出台了130多项涉及互联网管理的法律法规。欧洲对于互联网管理，特别是对于恶性政治网站和政治性言行，有着极为严格的法律条文。德国《信息与通信服务法》规定，在网上传播恶意言论、谣言、反犹太人等宣扬种族主义的言论为非法行为，禁止利用互联网传播有关纳粹的言论、思想和图片。日本近年来不断通过加强立法加大对互联网的监管力度，不仅将制作、传播、拥有电脑病毒纳入刑法处罚的范围，而且还规定政府可以要求网络运营商保存某特定用户最长60天的上网和通信记录。

2013年9月9日，最高人民法院、最高人民检察院举行新闻发布会，发布《最高人民法院、最高人民检察院关于办理利用信息网络实施诽谤等刑事案件适用法律若干问题的解释》。出台这一解释的目的，是适应新形势下同网络犯罪作斗争的迫切需要，结合新型犯罪方式的特点，对刑法相关条文的适用依法进行解释，为在司法实践中准确而有力地惩治利用网络实施的相关犯罪提供明确的司法解释依据，解决人民群众反映强烈的问题。

四、自由与美德为伍

自由体现为个体在法律的框架内按照自己的意愿选择自己的生活方式，不受任何外在专制力量的支配。对自由的这种理解，并不意味着自由是与道德无关的东西。如果一个人的内心世界为低级的欲望所支配，在现实生活中没有公共意识和责任感，我们很难说其是自由的。不能将自由仅仅理解为消极被动的权利保护问题，相反，还应将自由视作行动主体的一种积极主动的状态。自由还应该体现为个体对积极健康人生的追求，对社会公共责任的担当。

在传统的自由主义，特别是古典自由主义看来，自由是一种与道德无涉的东西。一个人，只要其基本权利没有受到外在任意力量的侵犯，就是自由的。道德属于私人的事情，只要自己的行为没有影响到他人的合法权利，其行为就是被允许的。正因如此，自由主义主张国家中立原则：一方面要求排除理想，国家不能作价值评价，评判一个人的生活方式优越于其他人的生活方式；另一方面要求立场中立，即在涉及影响人们不同的价值追求时，国家需要保持中立。自由主义认为，如果事关终极价值追求的问题充斥于公共领域，自由制度很难保证，将为派别纷争和派别仇恨所危及。在自由主义看来，最理想的办法是遵循市场自由竞争原则，让每个人自由地追求自己认可的价值观念，按照自己的生活方式生活。思想观念的提升也要遵循市场经济的法则，让它们自由竞争，实现优胜劣汰。

自由与道德无涉？事实并非如此。在自由竞争充分发展的 19 世纪的英国，其社会问题就清楚地表明了这一点。当时的英国，酗酒、暴力、贫困等社会问题十分突出，道德、科学、爱情、性都可以借助货币这一一般等价物加以买卖。“这是一个普遍败坏、彻底唯利是图的时代，用政治经济学的术语来说，在这个时代里的任何事物，道德的或是物质的，都具有某种可以用金钱衡量的价值，而适合它的价值则需要由市场来评定。”① 不仅社会主义对自由竞争的资本主义进行了严厉的批判，自由主义内部的一些思想家也对这种与道德无涉的自由观念提出了批判和质疑。众所周知，约翰·密尔是 19 世纪自由主义的忠诚捍卫者，他坚定地认为个体的自由权利是神圣不可侵犯的。在他看来，“个人的行动只要不涉及自身以外什么人的利害，个人就不必向社会负责交代”②。但是，在论及个人应该过一种怎样的生活时，密尔特别强调了追求高级快乐的重要性。他认为，“做一个不满足的人胜于做一只满足的猪，做不满足的苏格拉底胜于做一个满足的傻瓜”③。很显然，密尔已经不再把单纯的快乐作为生活的目标，而是把快乐以外的目的，即幸福作为生活的目标。在密尔的观念中，幸福概念包含着许多简单的快乐体验所不能涵盖的价值追求。幸福不仅包括对金钱、权势、名望的追求，像爱好音乐、追求健康、崇尚德性、追求个体的自由发展等等也都是幸福所涵盖的内容。与密尔几乎同时的另一位英国思想家托马斯·格林也持类似的观点。格林对古典自由主义的自由观深表不满，

① ［法］麦克尔·勒威、林辉：《马克思和韦伯的资本主义批判》，载《当代国外马克思主义评论》，2007（5）。

② ［英］约翰·密尔：《论自由》，10 页。

③ ［英］约翰·穆勒：《功利主义》，10 页，上海，上海人民出版社，2008。

他认为，“自由并不仅仅是不受强制的自由。自由并不仅仅意味着我们可以做我们喜欢做的事，而不管我们喜欢做的事是什么。自由并不意味着一个人或一些人可以享受以其他人的损失为代价的自由。我们言及自由指的是一种积极的能力，从而可以做或享受某种值得做或享受的事，而这些事也是我们和其他人共同做或享受的事”①。在这里，格林将自由与道德问题联系在一起。一个人的行为，尽管没有侵犯别人的利益，如果不具有道德的意蕴，仍然是不自由的。

自由同时也意味着承担公共责任，具有奉献精神。现代社会的良性运行，一方面需要建构自由、民主、公正的社会制度；另一方面也有赖于个体德行水平的提升，需要每个社会成员具备理性、审慎的精神，具备正义感和公共情怀。“每当人民普遍倾向于只注重个人的私利而不考虑或关心他在总的利益中的一份时，在这样的事态下好的政府是不可能的。”② 只有拥有正义美德的人才能了解如何运用法则，只有心存正义之人才能设计出正义制度，才能按照正义的原则来实施正义制度，才能遵守正义的制度。

经典论述

社会公德是全体公民在社会交往和公共生活中应该遵循的行为准则，涵盖了人与人、人与社会、人与自然之间的关系。在现代社会，公共生活领域不断扩大，人们相互交往日益频繁，社会公德在维护公众利益、公共秩序，保持社会稳定方面的作用更加突出，成为公民个人道德修养和社会文明程度的重要表现。要大力倡导以文明礼貌、助人为乐、爱护公物、保护环境、遵纪守法为主要内容的社会公德，鼓励人们在社会上做一个好公民。

——《公民道德建设实施纲要》（节选）

---

① 转引自李强：《自由主义》，109 页。

② ［英］约翰·密尔：《代议制政府》，25～26 页，北京，商务印书馆，1982。

“任何政府形式所能具有的重要的优点就是促进人民本身的美德和智慧。”① 在现实生活中，保护公民的自由权利不受侵犯是国家的基本职责，但国家的功能不能仅限于此。国家还负有为公民自由权利的实现提供实质支持和帮助的责任，它有责任、有义务为每个公民追求善的生活提供良好的环境。我们不赞成所谓的“国家中立”原则。让各种价值观念、生活方式在社会中自由发展、自由竞争，表面上看有助于使个体自由权利得到保护和实现。但事实上，当高雅的文化与粗俗的文化在市场上自由竞争时，粗俗的文化很可能会大行其道，而高雅的文化则会沦为可怜的陪衬品。也正因如此，在文化精神领域，市场的运行法则需要受到一定的规约，人的灵魂和精神不应该全然沦为货币法则的支配物，社会成员不应沦为金钱和肉欲的奴隶。在现代国家，净化文化环境，清除低俗、粗俗、庸俗的文化对人们精神的影响，也如同在经济领域中消除不正当竞争一样，是国家应该担当的职责。也正因为如此，尽管约翰·密尔在《论自由》中特别强调私人空间的存在对个体和社会发展的积极意义，但在《代议制政府》中，他特别强调公民美德的重要性。在他看来，一种好的政治必须依赖于作为统治对象的那些人的品质：

> 如果人民的道德情况坏到证人普遍说谎、法官和其他下属受贿的地步，程序规则在保证审判目的上又有什么效用呢？又，如果人民对市政漠不关心，不能诱使忠实而有才能的人出来管理，把职务交给那些为谋取私利的人去担任，制度又怎能提供一个好的市行政呢？如果选民不关心选择最好的议会成员，而是选择为了当选而花最多的钱的人，最广泛普及的代议制度又有什么用处呢？如果一个议会的成员可以被收买，或者如果他们的性情暴躁，得不到公共纪律的矫正或个人的自我克制，使他们不能作冷静的考虑，并在下院席上动手打人或互相开枪射

---

① ［英］约翰·密尔：《代议制政府》，26页。

> 击，这样的代议制议会又怎能为人民的利益而工作呢？还有，如果人民只是那样爱嫉妒，只要有个人可能获得成功，那些本应和他合作的人却形成默契，联合起来使他归于失败，这样的人民怎样能以相当健康的方式进行政府管理或任何共同的事业呢？每当人民普遍倾向于只注重个人的私利而不考虑或关心他在总的利益中的一份时，在这样的事态下好的政府是不可能的。①

社会主义所倡导的自由是与公民道德境界、公共责任感的提升紧密相关的。社会主义精神文明建设就是要培养有理想、有道德、有文化、有纪律的社会主义公民。社会主义反对极端个人主义，强调爱国主义、集体主义和社会主义教育。社会主义重视个体权利的保护和实现，尊重差异，包容多样，同时也强调公民对社会的奉献、对国家的忠诚，强调公民社会责任感和公共意识的养成。我们需要建设高度发达的社会主义精神文明，大力加强社会公德、职业道德、家庭美德、个人品德教育，丰富人们的精神境界，增强人们的精神力量；需要通过生动活泼、潜移默化的形式，培育知荣辱、讲正气、作奉献、促和谐的良好风尚，积极引导人们讲道德、尊道德、守道德，追求高尚的道德理想。这是社会主义所倡导的自由应该具备的基本内容。

---

① ［英］约翰·密尔：《代议制政府》，25～26页。

第五章

中国特色社会主义与自由的实现

在大力发展中国特色社会主义的今天，我们必须高度重视自由的价值，切实采取有效措施，保护和实现人们的自由权利，让一切劳动、知识、技术、管理、资本的活力竞相迸发，让一切创造社会财富的源泉充分涌流。

一、大力发展社会生产力

自由的实现需要一定的社会条件，没有物质条件和精神条件保障的自由，是建立在空中楼阁上的，是虚幻的自由。马克思曾经以人的发展为视角分析人类社会发展形态的一般趋势，他指出："人的依赖关系（起初完全是自然发生的），是最初的社会形态，在这种形态下，人的生产能力只是在狭窄的范围内和孤立的地点上发展着。以**物的**依赖性为基础的人的独立性，是第二大形态，在这种形态下，才形成普遍的社会物质变换，全面的关系，多方面的需求以及全面的能力的体系。建立在个人全面发展和他们共同的社会生产能力成为他们的社会财富这一基础上的自由个性，是第三个阶段。"① 这表明，人的发展程度以及它所内涵的人的自由度的提升，同社会经济文化发展水平一样，都是逐步提高、永无止境的历史过程。

（一）生产力的提高有力促进了人们自由的实现

新中国成立以来，特别是改革开放以来，我们大力发展社会生产力，使经济和社会发展突飞猛进、综合国力显著增强、人民生活水平显著改善，仅仅用了30多年时间，在这个占世界总人口1/6强的国度里，实现了从贫困到温饱，从温饱到小康的历史性跨越，使一个贫穷落后的国家跃居为世界第二大经济强国。我们要坚持以经

---

① 《马克思恩格斯全集》，中文1版，第46卷上，104页，北京，人民出版社，1979。

济建设为中心，牢牢把握发展这个执政兴国的第一要务，抓住一切机遇加快发展。因为只有大力发展社会生产力，才能不断提高人们的物质生活水平，让每一个人获得良好的生存和发展条件，实现每个人的自由全面发展。

不断丰富物质产品

人的物质需求是最基本的需求，物质需求的满足程度是衡量人的自由发展水平的基本尺度。如果一个人处于极端的贫困状态之中，是谈不上自由的。同样的道理，如果一个社会中大多数人连温饱都解决不了，这个社会是难以称为自由社会的。社会主义初级阶段的主要矛盾是人民日益增长的物质文化需要同落后的社会生产之间的矛盾。解决这个矛盾不能靠共同贫穷，不能靠压制人民的物质文化需求，只能靠发展生产力，增加社会财富总量，以提高人民的物质文化生活水平。改革开放以来我国 GDP 的迅速增长使人民的生活水平发生了翻天覆地的变化。单是社会贫困人口大幅下降的程度，就足以说明这一点。按照我国扶贫标准，1978—2010 年累计减少了 2.5 亿贫困人口。而参考国际扶贫标准，我国共减少了 6.6 亿贫困人口，全球贫困人口数量减少的成就有 93.3%来自中国。人均年收入从 1986 年的 206 元，提高到 2010 年的 1 274 元，再到 2011 年底的 2 300 元，我国扶贫标准实现“三级跳”。

物质生活水平的提高，为人们日益多样化的生活方式提供了条件。在计划经济时代，消费品十分匮乏，政府只能采用配给的方式来进行消费品的提供，人们需要凭票购买物品。在物资匮乏的年代，各种票据几乎涵盖了人们生活的方方面面：吃饭要粮票，穿衣要布票，买鞋要鞋票，买袜子要线票，连肥皂、火柴也得凭票购买。改革开放后，凭票购物逐步退出历史舞台。随着商品的日益丰富，各种商场、大型连锁超市纷纷出现，各类商品琳琅满目。人们实现了轻松购物，物资匮乏限制消费自由的状况得到了彻底的改观。

物质产品的丰富，不仅体现为产品总量的提高，也体现为产品种类的日益丰富。物资品种的增多，意味着人们的选择空间增大、消费自由度增加。例如，在服装消费方面，物资的匮乏使人们不得不放弃对服装美的追求，款式单一、色调沉闷是那时服饰的主要特点。由此，在计划经济时代，举国上下可谓是一片蓝色的海洋，蓝色的卡其布是社会的主色调。今天，琳琅满目的商品满足了消费者多样性的选择。随着物品的不断丰富，单调的款式已不能满足人们多样化的需求，20 世纪八九十年代的喇叭裤、健美裤、蝙蝠衫、连衣裙曾掀起一阵热浪。今天的人们在着装上，个性化选择越来越明显，人们可以尽情选择适合自己的不同式样的服装，以此展示自己与众不同的个性。

增加自由时间

生产力发展和劳动生产率提高使得人们的闲暇时间不断增多。闲暇时间是指人们在劳动时间之外，除去满足生理需要和家庭劳动需要等生活支出后，剩余下来可由个人自由支配的时间。对自由时间的充分运用是人类获得自由的重要前提，人类各种知识、科学、艺术的发展都依赖闲暇时间的不断扩展。“整个人类的发展，就其超出对人的自然存在直接需要的发展来说，无非是对这种自由时间的运用，并且整个人类发展的前提就是把这种自由时间的运用作为必要的基础。”① 在生产力发展水平很低的情况下，人们将几乎全部的精力用于物质资料的生产，以满足基本的生存需要，几乎没有时间用于个人发展、文化娱乐、消遣、社会交往。随着社会生产力水平日益提高，人类从繁重的体力劳动中逐步解脱出来，将更多的时间和精力用于旅游、休闲、艺术创作、人际交往等活动，这为人们追求丰富多彩的生活提供了条件。今天，人们的自由时间在逐步增加，单休日变双休日、国家法定节假日的增多、“黄金周”的出现就是自

---

① 《马克思恩格斯全集》，中文 1 版，第 47 卷，216 页，北京，人民出版社，1979。

由时间增加的具体表现。

相关链接

落实职工带薪休假制度

2014年8月，国务院发布了《国务院关于促进旅游业改革发展的若干意见》。要求切实落实职工带薪休假制度，指出要强化全社会依法休假理念，将带薪年休假制度落实情况纳入各地政府议事日程，作为劳动监察和职工权益保障的重要内容，推动机关、企事业单位加快落实职工带薪年休假制度。鼓励职工结合个人需要和工作实际分段灵活安排带薪年休假。例如，在教学时间总量不变的情况下，高等学校可结合实际调整寒、暑假时间，中小学可按有关规定安排放春假。

提供多样化的生活方式

随着生产力水平的提高，人们的生活方式也越来越多样化。如今，人们的消费结构日益多样化，生存型基本生活必需品，如食品、衣着类消费品的消费比重逐步下降，发展型、享受型服务消费，如居住、交通、通信、文教、娱乐、医疗保健、旅游等类型的消费比重不断上升。冰箱、彩电、洗衣机、空调等耐用消费品已成为家庭生活的普通用品，以汽车、住宅、家用电脑为主的高档消费品逐渐进入家庭，消费结构升级明显加快。

生活方式的多样化，也明显体现在现代婚姻家庭领域。今天，人们的婚姻自由度不断增加。婚姻不再是从众行为，结婚与否是个人经过深思熟虑的选择。只要不侵犯其他人的合法权利，就有权决定和谁结婚、以什么样的方式结婚。今天，家庭的规模、结构和模式也较之以往有了重大变化。家庭规模小型化、家庭结构简单化和家庭模式多样化，成为中国现代家庭的主要特征。在中国传统的家庭模式中，一般要包括夫妻和子女两代人，同时还存在三世同堂、四世同堂甚至五世同堂的现象，大家庭往往备受推崇，而“分家异炊”则被认为是可耻行为。但是，随着社会进步和时代变迁，传统的结构复杂而规模庞大的大家庭，已逐步向结构简单而规模较小的家庭模式转化。除了以一夫一妻为中心组成家庭的模式以外，也出现了诸多新型的婚姻家庭模式，如“丁克”家庭、单亲家庭等。婚姻家庭模式及其婚姻家庭观念的变化，反映了当代人自主意识的增强，体现出人们对自己心仪的生活方式的追求。

（二）市场经济是有效的资源配置方式

市场经济是到目前为止最有效率的资源配置方式，是保持经济活力的基本手段。

政府配置和市场配置是现代资源配置的两种方式。政府配置是指由政府制定国民经济发展计划，通过行政审批乃至行政命令的方式来统管和分配资源。在特定条件下，政府配置资源的方式有助于实现经济的协调发展，发挥集中力量办大事的优势。但是，审批排斥选择，统管排斥竞争，因而容易出现资源的闲置、浪费。在经济结构简单、人们需求单一的情况下，政府配置资源有简单便捷的功效。但随着经济规模的扩大、经济结构的复杂化、人们需求的多样化，以政府行政审批来配置资源的方式，很难有效把握市场上瞬息变化的需求，不利于资源的优化配置。

与政府配置方式相比，市场配置有助于提高资源配置的效率。市场配置资源是通过市场机制的作用能动地实现的。在瞬息万变的经济生活中，市场能及时准确地反映供求关系的变化，有效传递供求信息，从而实现资源配置的最优化。面对市场竞争，商品生产者、经营者在利益杠杆的作用下，积极调节生产经营活动，从而推动科学技术和经营管理的进步，促进劳动效率的提高和资源的有效利用。

与计划经济直接干预市场主体的运行相比，在市场经济下，市场主体拥有充分的主动权和自由权。在市场经济中，生产什么、如何生产，主要是通过价格的涨落以及供求的变化由市场自动调节。哪种商品在市场上好卖，人们就扩大生产；哪种生产要素的价格昂贵、供应紧张，人们就减少这种要素的使用。市场就像一只“看不见的手”，在引导着商品生产者、经营者，调节人、财、物在全社会的配置。

相关链接

“看不见的手”

18世纪英国古典自由主义经济学家亚当·斯密认为，人们都有“利己心”，是“利己心”驱使着人们获得最大利益，每个人都得到了利益，那么社会的整体利益也就提高了。在《国富论》中，斯密指出，每个人都试图利用好他的资本，并实现最大的价值。一般来说，他并不企图增进公共福利，也不清楚增进的公共福利有多少。他所追求的仅仅是他个人的安乐、个人的利益。但当他这样做的时候，就会有一只“看不见的手”引导他去达到另一个目标，而这个目标绝不是他所追求的东西。由于追逐个人的利益，他经常促进了社会利益，其效果比他真正想促进社会效益时所得到的效果更大。

（三）提高市场的“自由度”，激发市场的活力

改革开放以来，我国立足社会主义初级阶段基本国情，逐步建立和完善社会主义市场经济体制，打破了束缚生产力发展的条条框框，创造了举世瞩目的发展奇迹。1992年，党的十四大提出，要使市场在社会主义国家宏观调控下对资源配置起基础性作用。2003年，党的十六届三中全会提出，要在更大程度上发挥市场在资源配置中的基础性作用。2012年，党的十八大提出，要在更大程度、更广范围发挥市场在资源配置中的基础性作用。2013年，党的十八届三中全会进一步提出，使市场在资源配置中起决定性

作用。发展市场经济，要求劳动力、土地、资本、信息等生产要素自由流动。为此，需要进一步增强市场的“自由度”，建立公平竞争的市场体系。商品和要素能够自由流动、平等交换，产品和服务的生产及销售主要由市场价格机制决定，消费者可以自由选择、自主消费，企业之间的公平竞争促进优胜劣汰，实现资源的优化配置。

消除垄断和壁垒

要使市场在资源配置中发挥决定性作用，需要破除各种形式的垄断壁垒，创造公平竞争的市场环境。垄断会排挤、吞并其他市场竞争主体，妨碍企业间的自由公平竞争；在缺乏自由竞争的条件下，垄断企业把持的行业，其服务质量难以得到有效的提高，消费者公平交易权和选择权被侵害。垄断会抬高整个社会成本，降低投资效率，挫伤社会资本的投资热情。垄断更是滋生腐败的温床，高垄断行业往往成为贪污贿赂犯罪的高发区。相关资料显示，近年来，电力、通信、公用事业、交通、教育、金融等部门和行业，由于掌握着管理处罚、审批调配、质量监督等多项权力，成为滋生腐败犯罪的高发区。只有打破垄断，破除各种形式的壁垒，才能使各类市场主体获得平等的竞争机会，才能让生产要素自由流动。

相关链接

打破自然垄断行业藩篱，激活市场活力

党的十八届三中全会通过的《中共中央关于全面深化改革若干重大问题的决定》指出：“国有资本继续控股经营的自然垄断行业，实行以政企分开、政资分开、特许经营、政府监管为主要内容的改革，根据不同行业特点实行网运分开、放开竞争性业务，推进公共资源配置市场化。进一步破除各种形式的行政垄断。”2014 年，国务院印发《关于促进市场公平竞争维护市场正常秩序的若干意见》，对放宽市场准入做了详细的说明和规定，明确指出，凡是市场主体基于自愿的投资经营和民商事行为，只要不属于法律法规禁止进入的领域，不损害第三方利益、社会公共利益和国家安全，政府不得限制进入。

促进人力资源的自由流动

新中国成立后于1958年颁布《中华人民共和国户口登记条例》，规定了常住、暂住、出生、死亡、迁出、迁入、变更七项人口登记制度。此后，经过一系列政策调整，我国逐渐形成了以农业户口和非农业户口区分城乡居民为主要特征的户籍管理制度。在计划经济体制下，户籍制度在促进经济发展、维护社会秩序等方面，发挥了重要作用。但是，这种户籍制度存在显见的问题，尤其是在社会主义市场经济条件下，其弊端尤为明显。户籍制度阻碍了人口的自由流动，特别是城乡之间的人口流动受到了严格限制，人们的自由迁徙权、居住权受到很大限制。户籍制度也有违社会公平原则。户口将民众划分为不同人群，城里人和农村人、外地人和本地人被严格区分开来。不同的人群因户口关系不同，享受着不同的社会待遇和福利。因为城乡户口的差别，人们在教育、医疗、养老、社保等方面的待遇差别很大。无论如何，这与现代社会的平等原则是相悖的。

人力资源的自由流动是市场经济的必然要求。如果不打破因户籍制度人为造成的城乡之间的界限，将影响地区间的经济融合，影响全国统一人力市场的形成，影响到社会的公平和正义。我们可以设想，当亿万农民因为户籍制度的原因，而被动地束缚于农村和小块的土地时，农村劳动生产效率是不可能得到有效的提升的，拉动内需的动力肯定是不足的；当2亿多农民工不能享有与城市人同等的待遇时，平等、公正的理念会大打折扣。户籍制度及其造成的问题已成为中国社会进一步发展的结构性障碍，成为市场经济发展的重大障碍，消除不公平的户籍制度已经成为社会共识。

当然，户籍制度的改革是一项十分复杂而艰巨的任务。户籍制度绝不仅仅涉及一个户口的问题，实际上，它与基本养老保险、公共卫生服务、考试招生、住房保障等民生问题紧密相关。推进户籍制度改革，是一次利益格局的重大调整，千头万绪、盘根错节。尽管如此，户籍制度的改革已提上了日程，不改革户籍制度，就难以释放市场的活力，难以真正实现社会的自由、平等和公正。我们需要立足基本国情，积极稳妥推进，合理引导农业转移人口落户城镇的预期和选择；尊重城乡居民自主定居意愿，依法保障农业转移人口及其他常住人口合法权益；充分考虑当地经济社会发展水平、城市综合承载能力和提供基本公共服务的能力，实施差别化落户政策；统筹推进户籍制度改革和基本公共服务均等化，不断扩大教育、就业、医疗、养老、住房保障等城镇基本公共服务覆盖面。总之，户籍制度改革的目标是，进一步调整户口迁移政策，统一城乡户口登记制度，全面实施居住证制度，加快建设和共享国家人口基础信息库，稳步推进义务教育、就业服务、基本养老、基本医疗卫生、住房保障等城镇基本公共服务覆盖全部常住人口。

对政府功能予以合理定位

在经济活动中存在“两只手”，一只“看不见的手”，即市场；另一只“看得见的手”，即政府。充分发挥市场的功能，让市场在资源配置中起到决定性作用，意味着政府的功能与计划经济时期的功能定位明显不同。在市场经济条件下，政府不应该对经济进行事无巨细的管理，政府的主要功能是加强市场监管、增强公共服务和维护社会公平正义。

在现实生活中，很多市场运行混乱与政府不当作为有关。有的时候，政府由于“过度作为”，使得政府这只“看得见的手”变成了“闲不住的手”。一方面，政府将过多的时间和精力用在审批项目、招商引资等直接干预微观经济的事务上，导致政府在市场监管、社会管理、公共服务等方面的缺位；另一方面，政府对社会事务包揽过多，没有充分发挥社会力量参与社会管理和提供公共服务的作用，导致政府成为这些方面矛盾的焦点。有的时候，政府因为“不作为”而使市场经济发展受挫。我们强调市场在资源配置中的决定性作用，并不意味着政府的作用就无足轻重了。的确，市场在资源配置中具有显见的优势，但也存在明显的不足，例如，市场不能解决实质正义问题，难以有效地保护弱势群体的权利，难以实现共同富裕。面对这些问题，必须更好地发挥政府的作用。正因为如此，党的十八届三中全会审议通过的《中共中央关于全面深化改革若干重大问题的决定》明确指出：“科学的宏观调控，有效的政府治理，是发挥社会主义市场经济体制优势的内在要求。”“政府要加强发展战略、规划、政策、标准等制定和实施，加强市场活动监管，加强各类公共服务提供。”

如此看来，要使市场在资源配置中起决定性作用，必须清楚地厘定政府和市场的界限。凡是市场能解决的，放给市场；市场不愿意做，并且不能做的事情，政府要责无旁贷地承担起来。这一方面有利于发挥市场的功能，另一方面有助于政府职能的转变。

二、保障公民的基本权利

现代人享有一系列受法律保障的、不受外在任意力量干预的基本权利，并以法律的形式明确和规定下来。由这些基本权利所形成的私人空间，构成了外在力量的行为边界。外在的力量，特别是来自国家权力机关的力量，可以无限制地朝这个边界逼近，但无论如何不应逾越这一界限，否则就侵犯了个人的自由。也正因如此，在现代社会，保护公民的权利是实现自由的重要前提。

（一）公民拥有神圣不可侵犯的权利

很难想象，一个公民基本权利得不到保障的社会能够被称为自由的、公正的社会。也很难想象，在自由权利随意受到威胁的情况下，人们会有幸福感，会对未来有稳定的预期。现代社会视生命权、财产权和自由权为“人之为人”的必需，通过特定的方式小心谨慎地把这些权利保护起来。

生命权

生命权是人的一项最基本的权利，它是其他一切权利的本源，是所有人权的基础。没有生命权，其他一切权利均无从谈起。正如英国学者米尔恩所言：“生命权是一个人之所以被当做人类伙伴所必须享有的权利……这正是所谓人权的底蕴所在。”①

康德曾明确指出，人的生命没有什么法律的替换品或代替物，因为世界上没有类似生命的东西，也不可能在生命之间进行比较。任何人，都不应该将一个人的生命作为实现自己利益的手段。一部分人的生命，不得成为保护另一部分人生命的手段，不能为了一部分人的生存而影响和牺牲另一部分人的生命。生命权作为一项最基本、最原始的权利，受到各国法律和宪法的特别保护。世界各国将生命权作为人的基本权利写进了宪法和相关法律的条款当中，并采取相关措施予以特别的保护。生命权的宪法确认意味着国家负有保护生命权的义务，使生命权成为社会价值体系的基础。

延伸阅读

2003年，“收容遣送”退出历史舞台

收容遣送源于建国初期，是在特定的历史条件下形成的计划经济的产物，从最初对游民的收容发展到对外流灾民、流浪乞讨

① ［英］A. J. M. 米尔恩：《人的权利与人的多样性——人权哲学》，158页，北京，中国大百科全书出版社，1995。

人员的救助、教育、安置和遣返。1982年，国务院发布了《城市流浪乞讨人员收容遣送办法》，其主要目的是救济、教育和安置城市中的流浪者，最初是对涌入城市的无业人员和灾民进行收容救济的带有社会福利性质的措施。但在后来的发展中，收容遣送制度逐渐演变成了限制外来人口流动、带有惩罚性的强制措施。

2003年6月18日，国务院常务会议审议并原则通过了《城市生活无着的流浪乞讨人员救助管理办法》，同时废止了《城市流浪乞讨人员收容遣送办法》。从“遣送办法”到“救助办法”，字面变化的背后是对生命的尊重、对人权的肯定，体现了政府“以人为本”的执政理念。

财产权

财产权是人们对于自己拥有的财产，有自由占有、使用、收益、处分的权利。财产权是实现个人自治、保持人格独立、维护个人尊严的必要条件。

保护私有财产，为个人创造了一个不受国家控制的领域，限制了政府的行动范围以及统治者的专横意志。有语云：“穷人的寒舍，风能进，雨能进，国王不能进。”这句话鲜明地表达了财产权对于公权力的制约作用。强调私有财产权不受侵犯，有助于约束某些政府部门的行为，促使政府完善自己的执法行为，严格按照法定权限和程序行使权力、履行职责，依法处理社会经济事务，自觉履行保护公民私有财产的义务。

▶ 相关链接

“风能进，雨能进，国王不能进”

18世纪中叶，英国首相老威廉·皮特曾在一次演讲中说：即使是最穷的人，在他的寒舍里也敢于对抗国王的权威。风可以吹进这所房子，雨可以打进这所房子，房子甚至会在风云中飘摇，但是国王不能踏进这所房子，他的千军万马不敢跨入这间门槛已经破损了的破房子。这就是“风能进，雨能进，国王不能进”的典故来源。

财产权的保护，使个人拥有自己可以控制且不受他人干预的领域，进而使个体可以按照自己的意愿进行自由选择，实现自己的价值。没有个人财产权，个人自然要受制于他人或组织，处于服从、被强制状态。在此状态下，个人不可能具有独立的人格、尊严，不可能拥有自己独立的价值观念和道德信仰。也正因如此，没有个人财产权，就没有自由、权利，没有人格尊严。

相关链接

杜绝暴力拆迁

在城市规划建设过程中，暴力强制拆迁是一个越来越令人纠结的问题。某些地方政府在手续不完备、资格未被认定的情况下就擅自颁发拆迁许可证，并在与被拆迁人未达成协议的情况下就实施强制拆迁；某些地方政府不依靠第三方资产评估机构，而是单方面地确定远远低于市场评估价格的补偿标准，并强迫被拆迁人接受。在实施拆迁的过程中，某些地方政府不仅不按规定给予被拆迁户足额补偿，而且也不提供临时住房或周转房，而是直接断水断电，并用暴力手段把被拆迁户驱赶到户外或荒郊野地，使其无家可归。这些问题的存在，说明我们在保障公民基本权利方面任重而道远。必须通过强有力的措施规范强拆、禁止暴力拆迁和违法强拆。为规范城市房屋拆迁工作，2001 年 6 月国务院颁布了《城市房屋拆迁管理条例》，2011 年 1 月国务院又颁布了《国有土地上房屋征收与补偿条例》，明确规定，除为了保障国家安全、促进国民经济和社会发展等公共利益的需要外，不得对国有土地上的房屋进行征收；暴力迫使被征收人搬迁要追究刑事责任；各级政府、各级官员，必须不折不扣地贯彻好执行好这些规定。

保护财产权，也有助于激发人们的劳动积极性，促进社会的发展进步。有恒产者有恒心。如果一个人无法控制和支配自己的劳动所得，他就不愿意积极创造和积累财富，而如果一个社会没有充足的财富积累，就不会发展。只有公民的私有财产受到宪法和法律的保护，才能最大程度地调动其积极性，从而进一步推动社会的发展。在市场经济体制下，市场主体以追求利益最大化为目标，财产权的界限越明晰，保障越充分，盈利预期就越明确，市场主体投资的积极性就越高。反之，市场主体的投资积极性就会受到挫伤。

正因为如此，在现代社会，保护财产所有权成为各国宪法的共同内容。经过两百多年的发展演变，财产权已经成为基本人权，财产安全、人身自由、宗教自由、言论自由等都已经成为各国人权中的核心内容。

相关链接

私有财产权

2004 年，十届全国人大二次会议通过的宪法修正案中，明确规定：“公民的合法的私有财产不受侵犯。”“国家依照法律规定保护公民的私有财产权和继承权。”2007 年，十届全国人大五次会议通过《物权法》，对公有财产和私有财产给予平等保护。将私有财产权写入宪法，是中华人民共和国宪法史上的重大突破，是我国将长期处于社会主义初级阶段这一国情在宪法层面的进一步反映，是当代中国的市场经济和政治文明建设的必然要求，也是丰富公民权利、实现人民当家作主的必然体现。

思想自由权和言论自由权

现代民主社会无不将思想自由与言论自由置于宪法和法律规定

的重要一环。因为没有这些自由，发扬民意、以舆论监督政府机构的可能性微乎其微。思想自由是一切现代社会自由的衡量基准，它强调个人内心活动的自主性，它是保证公民依照自己的世界观和思维能力进行独立思考和独立判断、做出各种自主性行为的基础。而言论自由，是指公民在法律规定的情况下，采用各种方式表达思想、意见、观点而不受他人干涉的自主性状态。

在现代社会，思想自由和言论自由被视为人的本质属性，被看作个体人格发展不可缺少的要素。人不仅是物质性的存在，更是一种精神性的存在，人使用抽象的术语思考，使用语言传达他的思想与感情，具有形成文化的能力。人正是通过发展这一能力来找到自己在世界中的意义和地位。所有的个体在其人格发展的过程中，均有形成自己信念和意见的权利，同时也拥有表达这些信念和意见的权利。压抑思想和意见的表达，就是对人的尊严的侮辱、对人的本性的否定。

经典论述

> 人的心是不可能完全由另一个人处置安排的，因为没有人会愿意或被迫把他的天赋的自由思考判断之权转让与人的。因为这个道理，想法子控制人的心的政府，可以说是暴虐的政府，而且规定什么是真的要接受、什么是不真的不要接受，或者规定什么信仰以激发人民崇拜上帝，这可算是误用治权与篡夺人民之权。
>
> ——斯宾诺莎

保护公民的思想自由和言论自由，对于推动社会的发展和进步具有重要的作用。密尔在《论自由》一书中，对思想自由和言论自由之于人类精神福祉的必要性做了精辟概括。在他看来，“迫使一个意见不能发表的特殊罪恶乃在它是对整个人类的掠夺”①。没有对思

① ［英］约翰·密尔：《论自由》，17页。

想自由和言论自由的保障，就没有思想之激荡、社会之进步。也正是在这个意义上，可以认为思想和言论自由是其他权利产生的摇篮。人类社会前进的每一步在很大程度上与这种自由有着密不可分的关系，人类社会政治制度的变革、经济组织的演进、科学技术的发展，都离不开思想的自由传播和广泛交流。

正是基于对个体思想和言论权的理解，现代社会将良心自由看作神圣不可侵犯的私人领域，将信仰自由的权利放置于个人，个人在自己的内心世界中完全自由，任何力量特别是国家权力无权干涉。同时，思想的传播如果没有危及社会的安全和稳定，就可以允许其存在和发展。思想和言论自由权的确立，为现代人精神自由空间的获得奠定了坚实的理论基础。

(二) 公民的权利不容侵犯

人们在法律规定的范围内拥有自由行动、不受限制的权利。我国《宪法》就明确规定，公民享有言论、出版、集会、结社、游行、示威的自由，享有宗教信仰自由，公民的人身自由、人格尊严、住宅不受侵犯，公民享有对于任何国家机关和国家工作人员提出批评和建议的权利，等等。对于公民的这些自由权利，其他公民、国家、社会不能以一些随意的借口加以侵犯。为了保障公民的合法权利，需要：

——对公共权力进行限制。权力具有的侵略性和扩张性，使得每一个被授予权力的人总是面临着滥用权力的诱惑，面临着逾越正义与道德界限的可能，进而使一些人的自由受到侵犯。对此，孟德斯鸠指出："自古以来的经验表明，所有拥有权力的人，都倾向于滥用权力，而且不用到极限绝不罢休。"① 英国 19 世纪的著名思想家阿克顿勋爵更是直截了当地指出："权力导致腐败，绝对权力导致绝对

① [法] 孟德斯鸠：《论法的精神》，185 页。

腐败。”① “只要条件允许，每个人都喜欢得到更多的权力，并且没有任何人愿意投票赞成通过一项旨在要求个人自我克制的条例。”② 不受限制的权力是一个社会中最肆无忌惮的力量，而且权力被滥用的可能性自始至终存在。制约国家权力无限扩张，是个体自由得以保证的重要条件。为此，现代社会普遍推行有限政府原则，使公共权力的运行始终受到严格的限制。在具体政治制度安排中，有限政府原则表现为政府在规模、职能、权力和行为方式上受到法律的严格限制和有效制约，那种“上管天，下管地，中间管空气”的政府必须纠正，政府的权力和规模在越出其法定边界时能够得到及时有效的纠正。从权力来源看，现代政府权力来源于宪法和选民的意志，要受到立法和司法权力的限制，并受到社会公众的监督，而不能肆意行使权力借以充当任何领域的裁判员。从职能上看，有限政府的职能仅限于一些重要的、基础性的公共事务领域，尽量做到较少从事细节性和具体性公共事务，并绝对不能干涉公民的私人事务。从规模上看，有限政府大小适度、工作高效，既不是一个机构臃肿、人浮于事的“大政府”，也不是一个刻意追求“小而美”的“小政府”。

相关链接

权力清单制度

政府不是万能的，不能包办一切事务。过多的权力集中于政府，容易导致腐败。为此，必须建立政府的权力清单，明确政府的权力边界，切实做到“法无授权不可为”。《中共中央关于全面深化改革若干重大问题的决定》明确指出，要推行地方各级政府及其工作部门权力清单制度，依法公开权力运行流程。所谓“权力清单”，就是要把各级政府和各个政府部门所掌握的各项公共权

---

① ［英］阿克顿：《自由与权力——阿克顿勋爵论说文集》，342 页，北京，商务印书馆，2001。

② 同上书，343 页。

力进行全面统计，并将权力以列表清单的形式公之于众，主动接受社会监督。权力清单的内容具体而精确，对于每一项公共权力，“清单”都要明确权力的名称、来源（其依据的法律法规）、行使部门、行使规则、监督投诉渠道等。一张职权法定、边界清晰、主体明确、运行公开的权力清单，明确了政府应该干什么。这有利于更好地处理政府和市场的关系，释放市场潜能和发展动力，是全面深化改革，建设廉洁、服务型政府的内在要求。

——防范社会暴政。在民主制度之下，由于多数统治是民主制度的基本原则，少数必须服从多数，多数很容易因之而获得很高的权威，它会在全体人民的名义下，剥夺个体的权利，侵犯个体的自由，导致多数派滥用权力压迫少数派的后果，由此造成“多数人的暴政”。在实际的政治运作过程中，多数人往往操纵选举并控制政府立法，多数的意志通过立法在法律中得到体现，任何与多数不符的意志将得到法律的惩罚。这样一来，由多数人形成的无限权威就变成了恐怖而危险的东西。这种社会的暴虐比其他种类的政治压迫更可怕，虽然它通常并不以极端的刑罚为后盾，却使人们有更少的逃避办法。当“多数人的暴政”发生时，被伤害的少数个体的权利是无法得到正常伸张的。同时，多数人的力量往往以一种潜在的形式，潜移默化地侵蚀着个性。在大多数人的意见占据主导地位的条件下，社会的集体意志将强加给每个人，把整个社会的集体意志转化成每个成员的行为准则，个人的独特性、首创精神由此被统统消灭。

相关链接

“多数人的暴政”

最先提出“多数人的暴政”的是法国思想家托克维尔，他于1831 年对美国进行了历时九个月的考察后，分别于 1835 年和 1840

年完成了《论美国的民主》上下卷。在该书中，托克维尔把以多数人名义行使的无限权力称为“多数人的暴政”。

在现代社会，要防止多数人暴政的出现，从消极防御的角度讲，则需要在个人和社会之间划定明晰的界限，一个人的行为除非对他人构成了威胁，否则不应该受到限制。从积极防御的角度而言，则需要建构富有生机和活力的公民社会。当每个公民分属于不同的社团组织时，实际上他就拥有了一个安全庇护所，为个体自由权利的保障提供了广阔的空间，可以让每个公民的个性得到充分的发展。市民社会的充分发展，可以使每个公民摆脱单个个体力量的薄弱局面，形成抵御外在干预，特别是“多数人的暴政”的有效屏障。

——实行法治。公民自由权利的保障有赖于法治。所谓法治，也就是“法律的统治”。在实行法治的现代社会，其最高的权威并不是某些随心所欲发号施令的个人或集团，而是按照人民的意志建立起来、由独立的司法机构执行，并以权力制约方式维护的整套法律制度和运作方式。法治意味着法律至上。在法治国家里，法律是国王，而非国王是法律。法治首先意味着法律的权威、地位高于一切，是神圣不可侵犯的。无论什么人、什么阶层、什么政党，都没有凌驾于宪法和法律之上的特权，都要服从于法律；谁违反了法律，都要受到法律的追究。法律至上实际上是要实现规则治理，努力做到凡事“皆有法式”、凡事“一断于法”，将明确稳定的规则作为“规矩”来规范国家和公民的行为。

延伸阅读

德国的“磨坊案”

1866年，普鲁士国王威廉一世在波茨坦修建了一座行宫，有一次这位国王登高远眺，视线却被紧挨宫殿的一座磨坊挡住了。于是派人前去与磨坊主人协商，希望能够买下这座磨坊。不料，无论“钦差”出多高的价钱，这个磨坊主就是不卖，他认准一个理：这座磨坊是祖上传下来的，不能败在我手里。气急败坏的“钦差”就把磨坊拆了。磨坊主不服，要告国王，好心的邻居劝他不要告，告也白告。但是这个磨坊主说，我相信我们普鲁士的法律是大于国王的。于是他将威廉一世告上法庭。地方法院居然受理了这一状告本国君主的案子。判决结果居然是：“威廉一世擅用王权，拆毁由私人拥有的房屋，违犯了《宪法》第 79 条第 6 款，应立即重建一座磨坊，并赔偿损失费 150 塔勒。”国王只好执行，磨坊得以恢复原状。

作为法治之核心的“法”是一种普遍的、抽象的规则，它不针对特定的个人、地方或对象，而指谓未知的情况，因此法律永远是前涉的而不能是溯往的。同时，法律应被人们所周知，具有确定性，能够使人们对未来形成稳定的预期。法律还平等地适用于所有的人，也就是法律面前人人平等。普遍的、确定的和平等的法律，为个体自由权利的实现提供了可靠的保障，它可以有效地防止统治者任意妄为，使个体行为摆脱他人具体而严格的指令限制。在法治条件下，法律作为一组抽象的规则，为人们划出一个私人的领域，在这个领域内，我们的行为只要不触犯法律的规则，就完全是自由的。

人权保护原则是法治的基本内容之一。法治的重要价值在于实现民主、保障公民权利。如果有法律法规侵犯到公民的自由或权利，就应当被相应的修正或废除。法律规定了每个公民拥有一些神圣不可侵犯的权利，划定了属于个人的神圣不可侵犯的领域；法律也规定了每个人在行使自己权利的同时，决不能侵犯其他人的合法权利，否则要受到相应的制裁；法律规定了国家权力机关在行使权力的时候，决不能侵犯公民的合法权利。构建法治社会的目的是实现人们的福祉，因而法治也必然要以保护人权作为其重要内容。

人权保障状况现已成为现代社会中区别法治国家和非法治国家的重要标志。

——创造尊重和保障公民自由权利的氛围。要在全社会广泛深入、持之以恒地开展正确权利观和权利基本知识的宣传教育活动，让人们充分认识权利的重要性，懂得依法维权，同时做到尊重他人的权利。要对党政领导干部和公职人员进行执政为民、尊重和保障公民自由权利的宣传教育，使其牢固树立正确的权力观。

延伸阅读

全国法制宣传日

2001年，中共中央、国务院决定将我国现行宪法实施日12月4日作为每年的全国法制宣传日。

“全国法制宣传日”的徽标底色为红色，由“法”字演绎而来。“法”字的“水”部放射出三条弧形光带，穿越整个圆形，具有动感、传播、放射、扩大之效应，寓意法律知识和法制观念像光芒一样在全社会传播，同时又如一个用于宣讲法律知识的喇叭。“法”的“去”部，造型如一把金钥匙，插在三条光带中，象征通过法制宣传教育开启法律知识之门，启迪公民的法律意识和法制观念。

自2001年以来，各地、各部门以“12·4”全国法制宣传日为契机，在每年11月中旬至12月中旬，通过举办座谈会、书画展，印发宣传资料，在报刊、广播、电视、网络等媒体制作播出专栏、专版、专题节目等多种形式，开展了丰富多彩的法制宣传教育活动，传播了法律知识，弘扬了法治精神，促进了社会和谐。目前，“12·4”全国法制宣传日正逐步成为我国公民熟悉法律、认知法律、维护权益的有效载体，成为展示中国法治建设成就、树立我国良好法治形象的重要窗口。

三、营造良好的思想文化氛围

无论是个体的成长，还是社会的发展与进步，都需要自由宽松的环境。只有尊重一切有利于社会进步的创造愿望、创造活动，才能催生越来越多的创造成果。催生创新，既需要每个人拥有敢为人先、敢破难题、敢吃“禁果”的胆略和魄力，更需要“知无不言、言无不尽、言者无罪”和“不抓辫子、不扣帽子、不打棍子”的环境和氛围。

（一）坚持“百花齐放、百家争鸣”的方针

真理越辩越明，任何观点只有经得起批驳才能为人们所接受，以外在强制作为后盾的意见是没有生命力的。文化的发展，是一种自由的事业，强制推行一种风格、一种学派，禁止另一种风格、另一种学派，有害于文化的发展。在文化艺术工作中，要大力倡导“双百”方针，鼓励文化工作者自由创作、自由思考，艺术上不同的形式和风格可以自由发展，科学上不同的学派可以自由争论，艺术和科学中的是非问题，要通过艺术界、科学界的自由讨论去解决，通过艺术和科学的实践去解决。

延伸阅读

“双百”方针

“双百”方针全称是“百花齐放、百家争鸣”，是毛泽东提出的繁荣文化事业的基本方针。“百花齐放、百家争鸣”，具体地说就是，在文艺创作上，允许不同风格、不同流派、不同题材、不同手法的作品同时存在、自由发展；在学术理论上，提倡不同学派、不同观点互相争鸣、自由讨论。

解放思想，就是使思想和实际相符合，使主客和客观相符合；就是解除思想束缚，克服头脑的僵化和半僵化状态，使主观正确反映客观。传统的观念、习惯的势力，一旦被绝对化、凝固化，就会使人的头脑僵化，外界信息进入人的头脑这个“加工厂”的渠道一旦被堵塞，没有“原料”输入头脑，就难以“生产”出新的“产品”。这就说明，思想受束缚，就无法正确认识现实及其发展规律。

（二）崇尚“敢为人先”的精神

“敢为人先”，就是敢于做别人没有做过的事，敢于走前人没有走过的路。它体现着一种“咬定青山”后的敢想敢试、锐意进取的精神风貌，体现着勇立时代潮头、善开风气之先、争创一流的胆识。每一次变革都是对传统观念的挑战，甚至是对权威的挑战。这需要变革者有大无畏的精神，要有“不唯上”、“只唯真”的气魄。畏首畏尾、瞻前顾后必然导致徘徊不前；安于现状、不思进取肯定会使事业半途而废。邓小平指出：“改革开放胆子要大一些，敢于试验，不能像小脚女人一样。看准了的，就大胆地试，大胆地闯。”[①] 1978年，安徽小岗村农民曾以“敢为人先”的精神，18位农民冒着坐牢的危险在大包干协议上摁下了手印，分田到户大包干，拉开了我国农村改革发展的大幕。

敢闯敢干，需要解放思想。解放思想，就是使思想观念冲破旧习惯势力的禁锢和束缚，把主观世界的思维意识与变化了的客观实际结合起来，克服那些不符合实际的“习惯思维”和“主观偏见”，用发展变化的观点创造性地改造客观世界。人类的文明史表明，解放思想是引导社会前进的强大力量，是正确行动的先导。每一次伟大的思想解放，都极大地推进了社会历史的发展进步。人类四百多

① 《邓小平文选》，1版，第3卷，372页。

年来的近现代文明，经历了一次又一次伟大的思想解放。在西方，欧洲文艺复兴运动、科学革命、启蒙运动曾经使西方文明引领世界风骚；近代以来，中国社会的发展进步也无不与思想的解放密切相关。辛亥革命、五四运动、延安整风等多次解放思想活动，对于中国社会的发展产生了深远的影响。真理标准大讨论引发的思想解放，直接掀起了党的十一届三中全会后汹涌澎湃的改革开放大潮，当代中国进入建设中国特色社会主义的新的历史时期，中国取得了令世界各国刮目相看的伟大成就。

事实表明，改革开放 30 多年的历史巨变，靠的是解放思想。今天，中国的改革开放经过 30 多年的扬帆远行，已经驶入了激流涌动、暗礁密布的深水区，已经迈入困难重重的攻坚期。改革越向深层次推进，所触及的矛盾就越深，涉及的利益关系就越复杂。我们必须敢于和善于解放思想，勇于冲破思想观念的障碍，勇于突破利益固化的藩篱，将改革引向深入。

（三）营造宽容失败的环境

改革创新是一种探索性的活动，充满风险，而有风险也就意味着既有成功的可能，也有失败的可能，甚至有面临多次失败的可能。失败并不是结果，而是过程。失败是创新道路上不可少的台阶。无数的历史事实表明，“失败的英雄”同样具有探索价值，他们为后来的成功者进行试验、扫去障碍。允许失误、宽容失败，给先行先试者以鼓励，是一个社会成熟的标志，是一个国家创新前进的动力。以欣赏的眼光、鼓励的心态坦然面对失败，让先试者涵养“摔倒后爬起再来”的勇气。正因为这样，我们既要大力营造敢为人先、敢冒风险、勇于创新的环境，又要大力营造宽容失败、善待挫折的氛围。

在生活中，我们要破除“只许成功，不许失败”的传统观念，真正破除“成王败寇”的态度，做到宽容失败者、善待失败者，绝不能对失败者予以歧视或刁难；相反，要为失败者撑腰壮胆，为他们继续努力、走向成功创造条件，只有这样，才能鼓励探索和创新，激励人们从失败走向成功。只有把宽容失败作为一种精神，将其敢为人先、敢于创新的精神置于同样的位置，每个人才会迸发出创新的热情与勇气，我们的事业才会出现千帆竞发、万马奔腾的可喜局面。

四、建立健全社会保障体系

自由、权利，不能仅仅表现为一种可能性，它必须转变为一种现实。的确，人的基本权利，如生命权、财产权是神圣不可侵犯的，但是，仅仅使这些权利不受侵犯，并不意味着人的自由。一个行乞者和一个富翁，他们的生命权、财产权、言论权没有受到侵犯，并不意味着他们的自由是同等的。如果一个人生活困苦、饱受疾病的折磨、难以接受正常的教育、无法实现自己的理想和目标，那么我们难以说他是自由的。自由不是一种消极被动的状态，它应该体现为一种积极主动的能力，有能力来实现自己的目标和追求。也正因如此，要建立健全完善的社会保障体系，让每一个人，特别是生活困难群众获得充分的保障、获得良好的生存和发展条件，有能力实现自己的梦想。

（一）单纯的市场原则不能实现实质自由

自由竞争是市场经济遵循的基本原则，“物竞天择，适者生存”是其基本表现。市场经济主张凡是有才能的人就应该出人头地，并且市场竞争中的成功者除了为自己创造更多的财富和社会地位以外，也可以因为他的成就而使其他人获得好处。显然，相比起传统社会中那种世袭贵族制度，它有着明显的好处，在促进生产力进步方面所具有的作用是极其明显的。从历史上看，资本主义能在它的生存历史中创造出那么巨大的物质财富，在很大程度上就是这一原则发挥作用的结果。但是，在实质自由的实现方面，市场竞争有着自身难以克服的缺陷。市场机会均等的原则所解决的只是一种形式的平等、形式的自由，它保证职位向有能力的人平等开放，每个公民可以自由平等地加入其中参与竞争。不管你是白人还是黑人、男性还是女性，只要大家在同一个起跑线上竞争，谁跑得快，谁就赢得胜利。但问题的关键是，那些有才能的人，他们的才能是从哪里来的呢？在此，我们以百米比赛为例进行说明。百米比赛遵循起点平等的原则，也就是说，所有的运动员都应该在同一个起跑线上展开竞争。同时比赛也遵循规则平等，在竞争过程中，要排除一切非正常因素的干扰，例如特权因素的干扰等，所有的人遵循同样的规则，没有人例外。这样的比赛，从形式上看是自由平等的，但是否具有实质的公平正义呢？在此，我们需要对运动员本身进行分析。一个人要成为一名优秀的百米选手，需要具备三个基本条件：

- 勤奋刻苦，坚持训练；
- 天资良好，即身体素质好；
- 有条件接受良好的专业训练，使天分得以充分发挥。

市场经济并不同情弱者的眼泪，它讲究的是规则的平等、机会的平等。表面上看，机会均等的市场竞争为每个人的成长和发展创造了公平的环境，但是这种发展实际上只是对那些有才能者，准确地说是对那些现实的有才能者（不包括潜在的有才能者）有利，它实际上是以牺牲弱者的利益为代价尽可能地满足强者的利益。

单纯的自由市场竞争体系忽视了人的潜能发挥所需的社会条件问题，忽视了社会性偶然因素对一个人的成长的制约作用。实际上，一个人出生在什么样的环境中、接受怎样的教育，在很大程度上具有偶然性，不是由其自身主观意愿所决定的。同时，自由竞争的市场机制也忽视了一些自然性的偶然因素对一个人的成长的制约作用。实际上，很多自然条件，如个人的身体的健康程度、智力水平等对于一个人能否取得成功至关重要。但是，这些因素的具体状况并不是由个人决定的，从道德的观点来看，这些因素的出现完全是任意的。一个真正公平的环境，必须将这些社会性和自然性的偶然因素降低到最低程度，使其不至于影响个体的发展。而这些问题在单纯的市场经济条件下是无法解决的。也正因如此，抽象的权利平等很容易因现实生活中每个人的经济、社会不平等而消弭于无形，其自然结果是高度的贫富分化和激烈的社会矛盾与社会冲突。

那些对自由市场竞争高度迷恋的人，实际上对自由权利作了过于狭隘的理解，将社会权利排斥于权利之外。将个人的自由权利看作消极的东西，以不受其他人和政府侵犯的个人自由为基准，这种权利理解方式，将属于政府公共服务范畴的社会权利排除在外。实际上，一个人的权利决不仅仅包括法律权利和政治权利这些消极的东西，还应该包括获得受教育权、健康权等积极的权利。在英国社会学家马歇尔看来，公民权包括三个基本维度，即民事权、政治权、社会权。现代社会的发展使得人们的上述权利特别是社会权利不断得到满足。现代社会，每个公民除有权得到平等的法律保护、获得平等机会参与政治生活以外，还有权从国家得到必需的救济、社会保障、均等的教育机会。国家只有积极发挥功能而非将自身仅仅限定在“守夜人”的角色上，才能切实保障个体的社会权利，使人们的生存和发展获得稳定的预期。

相关链接

免于匮乏的自由

1941 年 1 月 6 日，美国总统罗斯福在国会大厦的国情咨文演讲中，第一次宣布了四项“人类的基本自由”，并表达了要实现这些自由的决心。这四大自由分别是：言论自由、信仰自由、免于匮乏的自由、免于恐惧的自由。此后，罗斯福多次在炉边谈话中重申了这四大自由，使之深入人心。“免于匮乏的自由”第一次将保障公民具有摆脱贫困、不受物质匮乏所困扰的自由作为政府的一项基本责任和义务。

在 1944 年 1 月 11 日的国情咨文演讲中，罗斯福进一步阐明了公民所具有的“不言自明”的八大经济权利（被称为第二权利法案），这些权利将“免于匮乏的自由”具体化了。其中包括：拥有体面住宅的权利；享受充分医疗照顾和有机会获得并保持健康身体的权利；享受充分保障，不必在经济上担心老、病、事故和失业的权利；享受良好教育的权利。

也正因为如此，一个公平正义的社会，表现为使每个个体获得基本的自由，即政治自由、言论和结社自由、良心自由、思想自由、人身和财产的自由、根据法律不受随意监禁的自由等，表现为每个个体能够获得平等的发展机会，同时还要表现为对社会上那些弱势群体或处境不利者的利益加以特别的关怀。对于这一点，当代政治哲学家罗尔斯提出了著名的正义两原则：

> 第一，每个人都拥有平等的权利，以尽可能多样化的方式享受平等的基本自由，只要不与其他人对自由的类似享受相冲突。
>
> 第二，对社会和经济的不平等应该按如下方式加以安排，使其（1）有理由期望这种安排对所有人有利，以及（2）只与对所有人开放的地位和职位相关。①

罗尔斯强调这几项原则在实际应用中按照以下次序进行：第一项优先于第二项，在第二项中，第二条又优先于第一条。尽管学术

---

① John Rawls, *A Theory of Justice*, Oxford University Press, 1999, p. 53.

界对罗尔斯的正义理论存有不同看法，但是他的正义原则的公平意蕴是显而易见的，使之与传统自由主义和功利主义明显区分开来。的确，一个社会的发展不能仅仅强调整体功利的最大化，不能仅仅关注优胜者的能力是否得到了发挥，而要看每个社会成员的利益是否得到了增进。使每个人，而非一部分人或大多数人享受发展的成果，才是社会正义的根本体现。是弱势群体而非强势群体最能感受到生活的艰辛，是弱势群体而非强势群体更能切实地体会到现代社会的剧烈变革所带来的负面效应。社会是一个合作的体系，任何人在从这个体系中获利时，必须为这一体系承担合作所造就的负担，天资聪慧、竞争胜出者理应对社会的弱势者作出补偿。

> 被自然所青睐的人，不论他们是谁，只有在那些不如他们幸运的人的处境也因此得到改善的前提下，才能从他们的好运中获得利益。天生幸运的人不能仅仅因为他们的天赋而获得利益。他们必须为那些不那么幸运的人承担训练和教育的成本，必须为帮助他们而运用自己的天赋，并由此获得自己的利益。任何人都不应仅仅因为优越的自然条件而有所得，也不能因此在社会上占据更为有利的起点。……我们希望建立这样一种社会制度，使任何人都不会因为他在自然禀赋分配中的偶然位置，或者他在社会中的起点而有所得或者有所失，同时不付出或者接受相应的利益补偿。①

也正因为如此，一个市场经济充分发达的社会，同时也是社会保障制度相对完善的社会。我们很难期望仅仅依靠市场的力量能够让弱势群体的自由权利自然而然地得到保障和实现。市场追求的是效率，它就是要让那些有才能的人出人头地，为社会创造更多的财富和价值，进而推动整个社会的发展和进步。保护弱者是政府的责任和义务，政府要发挥好保基本、兜底线的作用。对于各类困难群

---

① John Rawls, *A Theory of Justice*, Oxford University Press, 1999, p. 87.

众，要格外关注、格外关爱，时刻将他们的冷暖放在心上，关心他们的疾苦，帮助他们排忧解难。

（二）弱势群体拥有过富有尊严生活的权利

弱势群体是由于某些生理障碍及缺乏经济、政治和社会条件而在社会上处于不利地位的人群。相对于其他社会群体而言，社会弱势群体是一个在社会性资源分配上具有经济上的低收入性、生活质量的低层次性、政治上的低影响力和心理上的高度敏感性的特殊群体。弱势群体，尽管处于弱势，但并不影响他们过富有尊严生活的权利。实际上，不论是弱者还是强者，他们是一律平等的，拥有平等的人格，享有平等的权利，拥有平等的发展机会，享有人之为人应该具有的尊严。

相关链接

弱势群体

弱势群体，也叫社会脆弱群体、社会弱者群体。2002 年 3 月，时任国务院总理朱镕基在九届全国人大五次会议上所作的政府工作报告中使用了“弱势群体”这个词，弱势群体也逐渐成为一个非常流行的概念，引起了国内广泛关注。

根据国际社会工作和社会政策界对社会弱势群体的界定，所谓“弱”有两方面所指：一是与个体生物性发展相关的生理缺陷，如年龄、性别、疾病、残障等；二是个体经济、政治和社会机会的匮乏等社会性因素。“弱”导致了他们在社会上的边缘化地位和较差的社会境遇。总之，社会弱势群体是由于某些生理障碍及缺乏经济、政治和社会机会而在社会上处于不利地位的人群。

但是，非常遗憾的是，推崇市场自由竞争的古典自由主义将贫穷的责任归为个体而非社会，认为慷慨的救济制度会鼓励或放纵更多的人懒惰，因而主张济贫制度应当是一种惩戒性制度。例如，

1834年英国出台的《济贫法修正案》就明显体现了这一点。按照这一法律，对穷人救济只能在专门收容穷人的“劳动院”进行。劳动院成了令人生畏和生厌的地方：一家人一进那里，夫妻子女分室而居，亲情被拆散；所吃食物十分差，仅能勉强维持生命；男女老少都要进行繁重的体力劳动；未经监工批准不得外出，不能接见来访者。“劳动院”俨然成了“穷人的巴士底狱”。非到万不得已，穷人是不会到那里请求救济的。在惩罚性的社会保障里，人的尊严是得不到尊重的。贫穷被赋予了道德意义，贫穷是对那些应该受到责备的人的道德惩罚，因为穷人的精神和灵魂与他们的口袋一样贫乏。这种“保障制度”的背后蕴含着这样的观点：市场调节的方式是最合理的，市场竞争的结果也是公平的，失败者失败的原因不在于市场竞争机制，而在于主观不努力。这种将社会保障看作一种对穷人的惩罚或矫正的观点，无疑是对受保障者人格的侮辱，与解决个体的挫折感，进而激发其奋进的动力的价值追求迥然相异。

我们必须明确，使每个人成为自主的、负责的、具有创造力的人，是社会发展的基本目标。平等原则是现代社会的基本原则，人人都应该获得平等的机会，没有理由把任何人排除在制度之外。社会保障尽管从形式上看是依靠国家的力量对高收入者征税以此来救济弱者，但这决不意味着保障就是对普通人的可怜或施舍，相反，它是保护个人的尊严及其发展必不可少的条件。提供必要的、不带任何歧视性的保障，是一个文明社会所必需的。这是国家必须承担的基本责任。

我们都知道，人是社会的人，社会是由人组成的。人的价值是多方面的，其中最根本的有两个方面：自我价值和社会价值。自我价值是指人的生命存在、人格尊严以及人的自由、自主、平等、权利等方面的价值。人的社会价值是指个体对社会需求的满足和对社会进步的贡献。由于个人主观条件的差异、创造能力的不同、价值取向的区别以及客观条件的制约，每个人对社会的贡献不同，这使得人的价值在社会中的实现呈现出“量”的差别。但是，任何人，不论其地位高低、贡献大小，都具有个人价值的“质”。任何一个人，只要是他作为一个人而存在，其生命价值就不容忽视。一个人身体或其他方面的缺陷丝毫都不影响他作为一个人所具有的主体地位，拥有和健全人一样的尊严，享有与其他公民一样的参与社会生活的权利、康复的权利、受教育的权利、劳动就业的权利、开展文化生活的权利。这些权利的实现是生命价值得到尊重的体现。因此，在社会保障制度的建构中，我们不能仅仅从社会经济成本的角度来考虑问题。人的自我价值、人的尊严、人的发展潜能是不能用物质的方式来衡量的。那种以社会保障制度的建立会影响社会生产效率的观点是经不起推敲的。这种观点实际上是在以物的方式衡量人，把人仅仅看作手段，而不把人的存在和发展作为社会发展的终极目的。我们必须认识到，在现实生活中，由于特殊的境遇，那些需要保障的特殊人群有着比一般人更强的自我实现的欲望。史蒂芬·威廉·霍金说过：无论命运有多坏，人总应有所作为，有生命就有希望。在生活中，我们会发现很多残疾人自强自立的感人事例。面对残酷的现实，他们也许困惑过、痛苦过，甚至绝望过，然而他们没有怨天尤人、自暴自弃，而是选择了坚强，直面残缺的生活。他们不甘屈服命运，不等不靠，依靠自己双手努力工作，靠自己的劳动养活自己，尽可能让自己过上有尊严的生活。

在一个社会中，“落伍者”的产生尽管有其自身的原因，但从深层次上看，则是由社会体制所造成的。也正是在这一意义上，我们很赞成这样的观点：“没有残疾人，只有残疾的社会。”成功的社会保障在保障个体基本生存权和发展权的同时，引导保障者克服自暴自弃、消极悲观的心理状态，点燃其前进的勇气和发展的动力。

从道义的角度看，社会不是一个弱肉强食的场所，人间需要充满温情。人类社会不遵循“丛林法则”，我们不能让弱者在竞争中自生自灭。一个社会的文明进步并不是看这个社会对强者的态度，而是要看它对待弱者的态度。对强者献媚的社会是落后的社会，尊重弱者的社会才是文明的社会。也正因为如此，政府需要建立健全社会保障体系，保障每个人实现实质的自由。

（三）建立和健全社会保障体系，让每个人过上有尊严的生活

孟子说："老吾老，以及人之老；幼吾幼，以及人之幼。"《礼记·礼运》中写道："使老有所终，壮有所用，幼有所长，矜寡孤独废疾者皆有所养。"这些古语表达了古人对社会和谐的憧憬，也反映了古人对良好的社会保障的期待。社会保障是"人民生活的安全网"、"收入分配的调节阀"、"经济运行的减震器"和"社会发展的稳定器"。作为国家和社会为保证其成员基本生活权利而提供救助和补助的一种制度，社会保障是社会公平和社会进步的一个重要标志，在调节收入分配、缓解社会矛盾、推动经济发展、促进国家长治久安方面具有重要的作用。

以医疗、教育、住房、养老为主要内容的社会保障，已成为世界公认的文明社会的基本底线。我国的社会保障制度是新中国成立以后从零起步的。经过多年的努力，中国特色社会保障框架体系已初步建立：基本养老、基本医疗、失业、工伤、生育五项社会保险制度基本建立并逐步完善，以最低生活保障为重点的城乡社会救助体系基本形成，各项社会保障覆盖范围不断扩大，保障水平稳步提高。特别是近些年来，我们进一步加快了社会保障制度建设步伐，取得了很大的成绩。

——建立新型农村合作医疗制度和城镇居民基本医疗保险制度。2002 年开始，我国开始实施新型农村合作医疗制度，由政府组织、引导、支持，农民自愿参加，个人、集体和政府多方筹资。新型农村合作医疗制度的实施，有效地缓解了农民"因病致贫、因病返贫"问题，真正让农民看得起病、看得好病，使医疗服务真正做到便民、利民、取信于民。2007 年，我国开始城镇居民基本医疗保险试点，

"一老一小"有了医疗保障。随着新农合和城乡居民医疗救助在全国普遍实施，全民基本医保体系初步形成，各项医疗保险参保超过13亿人，我国从制度上实现了基本医疗保险对城乡居民的全面覆盖。

——建立新型农村社会养老保险和城镇居民社会养老保险制度。2009年，国务院启动新型农村社会养老保险试点工作。我国农民在60岁后首次享受到国家普惠式的养老保障。农民在实现"种地不缴税、上学不付费、看病不太贵"后，又实现了"养老不犯愁"。2011年起，我国实施城镇居民社会养老保险试点工作，这是党中央、国务院为加快建设覆盖城乡居民的社会保障体系作出的又一重大决策，对于实现人人享有基本养老保险，促进社会公平正义，保障民生，逐步实现基本公共服务均等化具有重大意义。目前，城乡居民基本养老保险实现了制度全覆盖，各项养老保险参保达到7.9亿人。

——建立健全城镇保障性住房制度。党的十六大以来，我国保障性安居工程建设明显提速，"十一五"期间，全国1 140万户城镇低收入家庭和360万户中等偏下收入家庭住房困难问题得到解决。根据规划，"十二五"时期我国要建设3 600万套保障性住房。如今，保障性住房覆盖面逐步扩大，2012年底已达到12.5%。以廉租住房、经济适用住房、公共租赁住房为主要形式的住房保障制度初步形成。一座座建起的保障房，承载的是广大百姓家庭住房的梦想，传递着政府关注民生、改善民生的信心。随着我国住房保障建设的不断推进，百姓住有所居、安居乐业的梦想一步步变成现实。越来越多的居民正在圆自己的"安居梦"。

在看到成绩的同时，也应该认识到，作为世界上最大的发展中国家，我国人口众多，发展起点低，地区之间、城乡之间发展不平衡，社会保障体系建设与人们的期待还有不小的差距。城乡社会保障发展不平衡，广大农村地区比较滞后；一些基本保障制度覆盖面比较窄，基金统筹层次低，保障水平不高，尤其是农民、农民工、被征地农民、城市无业人员和城乡残疾人等群体的社会保障问题比较突出。可以说，加快社会保障体系建设，仍旧任重而道远。

“民惟邦本，本固邦宁。”衣、食、住、行的要求是人的基本生理需要。保障自身安全、摆脱失业和丧失财产威胁、避免职业病的侵袭等方面的需要是人的安全需要。生理上的需要和安全上的需要构成了人的基本层次的需要，只有当这些基本需要得到满足后，其他的需要如社交需要、自我实现需要等更高层次的需要才能成为新的激励因素。社会保障的一个重要功能和基本指标就在于使个体生存与安全需要得到满足。社会保障中的各种社会保险、福利事业、免费医疗、社会救助、养老金、伤残抚恤金等，能够使个体在遇到特定困难时借助社会的力量化解面临的风险。现代社会要想真正提升个体独立性和自主意识，必须通过提供完备的社会保障，为每个个体的发展提供安全稳定的环境，只有这样才能使其获得真正的安全感。

后　记

自由问题是一个复杂的问题。不同时期的思想家，对它做过不同的解读，留下了关于自由的鸿篇论述。社会主义与自由问题的关系，既是一个复杂的学理问题，更是一个复杂的实践问题。短短几万字的篇幅，要对自由、社会主义与自由等问题作细致入微的阐发是不可能的。在本书中，我只是依据丛书的主题，对社会主义与自由问题做了一个勾勒，对几个具体问题进行了聚焦。在本书写作的过程中，参考了很多专家学者的著作和文章，引用了其中的很多观点，在此表示衷心的感谢。由于自身学术水平有限，不妥之处还请读者批评指正。

吴玉军

2014 年 11 月 15 日

于北京师范大学价值与文化研究中心

图书在版编目（CIP）数据

社会主义核心价值观·关键词. 自由/韩震总主编；吴玉军编著. —北京：中国人民大学出版社，2015.4
ISBN 978-7-300-21044-5

Ⅰ.①社… Ⅱ.①韩…②吴… Ⅲ.①社会主义建设-价值论-中国 Ⅳ.①D616

中国版本图书馆 CIP 数据核字（2015）第 067718 号

社会主义核心价值观·关键词
总主编 韩 震
自 由
吴玉军 编著
Ziyou

出版发行	中国人民大学出版社		
社 址	北京中关村大街 31 号	**邮政编码**	100080
电 话	010－62511242（总编室）		010－62511770（质管部）
	010－82501766（邮购部）		010－62514148（门市部）
	010－62515195（发行公司）		010－62515275（盗版举报）
网 址	http://www.crup.com.cn		
经 销	新华书店		
印 刷	天津中印联印务有限公司		
规 格	160 mm×235 mm 16 开本	**版 次**	2015 年 5 月第 1 版
印 张	7.5 插页 1	**印 次**	2021 年 11 月第 3 次印刷
字 数	88 000	**定 价**	28.00 元